Peter Grosche

AF281886

Zwischen Himmel und Herz

· Eine Geschichte über das Loslassen, ohne zu verlieren ·

Peter Grosche

Zwischen Himmel und Herz

· Eine Geschichte über das Loslassen, ohne zu verlieren ·

„Zwischen Himmel und Herz" ist ein behutsam erzähltes Kinderbuch über den Tod eines geliebten Menschen und den Mut, sich der Trauer zu stellen.
Es zeigt, wie ein Kind Abschied nimmt, wie Liebe auch nach dem Verlust weitergeht und wie Erinnerung Hoffnung geben kann.

Ein Buch, das Kindern und Erwachsenen hilft, den Verlust zu verarbeiten, ohne den Glauben an das Leben zu verlieren.

Für Kinder ab 10 Jahren, Eltern und Großeltern, die sich mit dem Thema Tod auseinandersetzen wollen – sanft, ehrlich und einfühlsam.

Impressum

Text/Story:	© 2025 by: Peter Grosche
Umschlaggestaltung:	© 2025 by: Peter Grosche
Verlag:	BoD · Books on Demand GmbH, Überseering 33, 22297 Hamburg, bod@bod.de
Druck:	Libri Plureos GmbH Friedensallee 273, 22763 Hamburg
ISBN:	978-3-8192-9493-8

Inhaltsverzeichnis

Prolog – Die Stille danach

Es war merkwürdig still im Haus.
Nicht die normale, langweilige Nachmittagsstille, wenn alle arbeiten oder draußen sind. Es war die andere Stille.
Die, die man nicht wirklich hören kann – aber spürt.

Lukas stand im Türrahmen zum Gästezimmer.

Das Bett war leer. Der Kissenabdruck war noch da.
Die Bettdecke sorgfältig gefaltet. Seine Mutter saß am Fenster, eine Tasse Tee in der Hand, den Blick in den Garten gerichtet.

Keine Tränen. Noch nicht.

Nur der Gedanke:

Opa ist jetzt nicht mehr hier.

Und dann:

Aber vielleicht auch doch.

Ein Sonnenstrahl fiel durch das Fenster auf den alten Holzstuhl neben dem Bett – der Stuhl, auf dem Lukas so oft gesessen hatte.
Wo sie gelacht hatten, geflüstert, gelauscht.
Er schloss die Augen, legte die Finger auf die Lehne, als könne er noch ein bisschen Wärme spüren.

Und in seinem Kopf hörte er Opas Stimme, ganz klar:

„Weißt du noch, Luki, wie du das erste Mal allein zu mir gekommen bist?"

Lukas nickte kaum merklich.

Ja, ich weiß noch.
Alles begann in einem dieser Sommer...

Ankunft bei Opa

Die Reifen des Autos summten leise auf der Landstraße. Lukas stützte das Kinn auf die Hand und starrte aus dem Fenster, wo die Felder wie grüne Teppiche vorbeizogen. Die Sonne stand hoch am Himmel, der Himmel war fast zu blau, um echt zu sein.

Er zählte die Kühe am Straßenrand, aber er wusste längst: Wenn man Opa besuchen will, zählte man keine Kühe – man zählte Minuten.

„Wie lange noch?" fragte er. Zum dritten Mal. Mindestens.

Sein Vater lachte leise und schaltete einen Gang runter. „Zehn Minuten. Wenn wir Glück haben, neun."

„Boah, echt jetzt?" Lukas richtete sich auf.

Seine Mutter drehte sich vom Beifahrersitz zu ihm um. „Du freust dich wohl, hm?"

Lukas grinste. „Klar. Bei Opa ist's immer besser als im Ferienclub. Da muss man nicht mal basteln."

„Opa hat bestimmt schon ein paar Spezialprojekte vorbereitet", sagte sein Vater. „Und du passt bitte auf, dass er sich nicht übernimmt."

„Ich? Der übertreibt doch immer! Letztes Jahr wollte er mir zeigen, wie man mit einer Motorsäge arbeitet!"

„Hat er?"

„Nee, Mama hat's verboten."

Sie lachten. Und dann, endlich, tauchte das Schild auf:
„Hinterweg – 1 km"

Lukas' Herz hüpfte. Hinterweg.

Das war der Ort, der mehr nach Zuhause roch als ihr eigenes Haus in der Stadt. Wo das Gras anders klang, wenn man hineintrat. Und wo ein Mann mit grauem Haar, festen Händen und einem Augenzwinkern auf ihn wartete.

Das Auto bog in die schmale Allee ein, flankiert von alten Bäumen. Durch das Fenster sah Lukas das rote Dach blitzen – Opas Haus. Ein bisschen schief, aber voller Geschichten.

Und da stand er.
Mit den Händen in die Hüften gestemmt, das Gesicht von der Sonne gegerbt, aber das Lächeln heller als alles andere.

Opa.

Noch bevor das Auto ganz zum Stehen kam, hatte Lukas den Gurt abgeschnallt und die Tür aufgerissen.

„OPA!" rief er, während er über die Einfahrt rannte, den Rucksack schief auf dem Rücken.

„LUUUUKI!" kam es zurück – laut, warm und krächzend wie immer.

Opa ging in die Knie, soweit es die alten Gelenke erlaubten, und Lukas warf sich in seine Arme.

„Na, mein großer Mann", sagte Opa und klopfte ihm auf den Rücken, „bist du gewachsen oder bin ich geschrumpft?"

„Du schrumpfst!" rief Lukas lachend. „Bestimmt jedes Jahr fünf Zentimeter!"

„Dann bin ich bald unter der Erde – und das ohne gestorben zu sein."

„Opa!", rief Lukas empört – aber lachte.

Der alte Mann richtete sich stöhnend wieder auf. „Du bist schwer geworden. Aber du riechst noch immer nach Kind und Schokoladeneis."

„Und du nach Kamin und Pfeife."

„Riecht nach Abenteuer, oder?"

„Riecht nach Opa."

Hinter ihnen schloss sich die Autotür. Mamas Stimme: „Er hat die ganze Fahrt über nicht stillhalten können."

„Das ist gut", brummte Opa. „Ein Kind, das stillhält, ist entweder krank oder langweilig."

Die Eltern kamen mit langsamem Schritt über die Einfahrt. Mama umarmte ihren Vater kurz, fest. Papa reichte ihm die Hand.

„Schön, dass du das machst, Papa", sagte Mama.

„Ach Quatsch. Wenn ich mit dem Bengel nicht mindestens einmal im Jahr meine Ruhe habe, werde ich noch jung."

„Wenn er dich überlebt", meinte Papa grinsend.

„Wird eng", sagte Opa und zwinkerte Lukas zu. „Ich hab' Pläne mit ihm."

„Keine Motorsägen", rief Mama.

„Wir bleiben bei Hammer und Säge", erwiderte Opa. „Und vielleicht ein bisschen Dynamit."

Lukas Mutter schüttelte den Kopf, halb lächelnd, halb seufzend. „Bitte ein bisschen aufpassen, ja?"

„Versprochen. Auf ihn? Immer. Auf mich? Selten."

Sie lachten alle zusammen. Und für einen Moment war da nur dieses Bild: ein Haus, eine Familie, ein Sommer – und ein Großvater, der die Welt ein kleines Stück heller machte.

Die Koffer waren ausgeladen, das Gepäck verstaut, und Lukas stand mit Opa auf der Veranda, während seine Eltern sich langsam in Richtung Auto bewegten.

„Also dann", sagte Papa, während er sich streckte. „Ruf an, wenn er zu wild wird."

„Ich? Ich bin ein Vorbild an Disziplin und Ruhe", erwiderte Opa mit ernstem Ton, der allerdings durch sein schelmisches Grinsen entlarvt wurde.

Mama beugte sich zu Lukas herunter und nahm ihn fest in ihre Arme.

„Du hörst auf Opa, ja?"

Lukas nickte. „Klar. Ich passe auf ihn auf."

„Besser so", sagte Mama und fuhr ihm sanft durchs Haar. „Und iss auch mal was Gesundes zwischendurch."

„Was Gesundes?" mischte sich Opa ein. „Wir haben eine Salami, die ist nur ein Jahr über dem Mindesthaltbarkeitsdatum. Reicht das?"

„Papa!"

„Keine Sorge, wir essen noch was, das lebt."

„Ich will's gar nicht wissen", sagte Mama, aber sie lächelte.

Papa trat zu Lukas, klopfte ihm auf die Schulter. „Hab Spaß, Großer. Aber pass auch ein bisschen auf dich auf, ja?"

„Mach ich."

Dann drückte Lukas beide noch einmal schnell, aber fest. Er war nicht traurig. Noch nicht. Es fühlte sich nicht wie ein Abschied an – eher wie der Start in etwas Großes.

Die Eltern stiegen ins Auto. Papa startete den Motor, Mama winkte noch einmal durchs offene Fenster.

„Meldet euch zwischendurch, ja?"

„Wenn wir Empfang haben!", rief Opa zurück.

„Empfang hat man immer, Papa."

„Hier draußen regelt das der Hahn auf dem Dach."

Mama schüttelte den Kopf, aber ihr Lächeln blieb. Dann fuhren sie los, langsam die Allee entlang, bis das Auto hinter den Bäumen verschwand.

Opa und Lukas standen noch eine Weile nebeneinander auf der Veranda. Der Wind rauschte durch die Blätter.

Opa räusperte sich. „Jetzt sind wir wieder unter uns, mein Junge."

„Und was machen wir jetzt?" fragte Lukas.

Opa drehte sich langsam zu ihm, zog eine Augenbraue hoch.

„Jetzt beginnt der Urlaub. Der richtige."

„Komm", sagte Opa, „ich zeig dir dein Reich."

Sie gingen durch den langen Flur, der nach Holz, Pfefferminztee und ein bisschen nach Farbe roch. An den Wänden hingen Bilder – Opa mit Bart, Opa ohne Bart, Mama als Kind, ein riesiger Fisch, der angeblich mal am Haken war.

Lukas liebte das Haus. Es war alt, aber nicht alt im Sinne von „staubig und langweilig", sondern alt wie eine Schatztruhe – überall gab es Dinge zu entdecken.

Opa öffnete die Tür zum Gästezimmer mit einem kleinen, zeremoniellen „Tadaa!"

Das Bett war frisch bezogen – hellblaue Bettwäsche mit weißen Wolken darauf. Auf dem Kopfkissen lag ein Schokoladenriegel.

„Erste Lektion für die Ferien: Wer ankommt, wird belohnt."

„Du bist der Beste", murmelte Lukas und schnappte sich die Schokolade.

„Sag ich doch."

Ein kleiner Schreibtisch stand am Fenster, daneben ein Regal mit Büchern, von „Die drei ???" bis „Wie man einen Drachen zähmt". Auf der Fensterbank lag ein Fernglas.

„Damit du nach Elfen, Wildschweinen und streunenden Nachbarn Ausschau halten kannst", erklärte Opa.

„Ich hoffe auf Elfen."

„Ich auch. Die Nachbarn sind komisch."

Lukas warf seinen Rucksack auf das Bett und streckte sich aus. „Ich bleib hier. Zwei Wochen lang, nur auf diesem Bett."

„Na, das ist ja ein aktiver Ferienplan."

„Nur wenn's regnet. Sonst bauen wir was."

„Abgemacht."

Am Abend saßen sie in der kleinen Küche. Es gab Spiegeleier mit Brot – „Opa-Gourmet", wie er es nannte. Die Pfanne war ein bisschen schwarz, das Brot ein bisschen trocken, aber es schmeckte wie zu Hause.

„Was machen wir morgen?" fragte Lukas mit vollem Mund.

„Das kommt drauf an", sagte Opa. „Ob der Hahn kräht, der Wind weht und die Sonne scheint."

„Was, wenn nicht?"

„Dann bleiben wir im Bett und lesen Quatschgeschichten."

„Ich will aber angeln!"

„Dann kriegt der Hahn eine SMS. Ich regel das."

Lukas lachte. Es war der erste Ferientag – und er fühlte sich jetzt schon wie der beste Tag an.

Der Küchentisch war vollgestellt mit Kleinigkeiten:
Eine alte emaillierte Butterdose, ein zerbeulter Brotkorb, eine Packung Kakaopulver, auf der schon ein bisschen Mehlstaub lag.
Opa stellte zwei dampfende Teller ab – Spiegeleier mit leicht angebrannten Rändern, dazu Bratkartoffeln.

„Opa-Gourmet", sagte er feierlich.

„Geht das auch mit Sternen?" fragte Lukas.

„Mindestens zwei. Einer vom Huhn, einer von der Pfanne."

Lukas lachte. Sie aßen, und draußen wurde es langsam dunkler.
Die Küche wurde vom gelben Licht der Deckenlampe erfüllt, das Fenster spiegelte ihr eigenes kleines Universum wider: Opa mit Gabel in der Hand, Lukas mit Kakaomund.

„Weißt du noch, als du mir erzählt hast, dass Regenbögen aus umgekipptem Limonadensirup bestehen?" fragte Lukas.

„Ist ja auch fast so. Nur mit Sonnenlicht und Magie statt Zitrone."

„Und du hast gesagt, dass der Mond manchmal nur halb da ist, weil jemand zu faul war, ihn fertig zu malen."

„Na, das ist bis heute nicht widerlegt."

Lukas lachte leise. „Du erzählst echt die verrücktesten Sachen."

„Ich? Ich bin ausgebildeter Unsinn-Erklärer. Das ist ein sehr seltener Beruf."

„Bestimmt schwer, da reinzukommen."

„Nur die Besten bestehen die Prüfung. Vor allem den Quatschteil."

Lukas schüttelte den Kopf, grinste und schob sich den letzten Kartoffelwürfel in den Mund.

Opa lehnte sich zurück, sah ihn kurz an – sein Blick weich und wach.

„Schön, dass du da bist."

„Ich auch. Ich hab' die Tage gezählt."

„Ich auch. Jeden Einzelnen."

Sie saßen noch lange am Tisch. Opa erzählte von früher – wie er mit acht Jahren einmal aus Versehen einen Baum angezündet hatte („war nicht meine Schuld – war der Sommer!"), wie er mit Lukas' Mutter als Kind durch den gleichen Wald gestreift war, in dem sie morgen angeln wollten.

Und irgendwann, als Lukas schon leicht gähnte, sagte Opa:

„Weißt du, Luki, Ferien bei mir sind nicht einfach Ferien."

„Sondern?"

„Das sind... Expeditionen ins Unmögliche."

„Ins Unmögliche?"

„Genau. Und du bist mein Assistent. Mit offizieller Lizenz."

Lukas lachte – und wusste noch nicht, dass diese Expedition ihn viel weiterführen würde, als er sich je hätte vorstellen können.

Die besten zwei Wochen des Jahres

Der Morgen war still und warm. Ein leichter Wind spielte mit den Vorhängen im Gästezimmer, während Lukas mit zerzausten Haaren und barfuß in die Küche tappte.

Opa saß schon am Tisch, mit Zeitung und Kaffee, Kakao für Lukas – und einem Notizblock, auf dem in krakeliger Schrift stand: „Heute: keine Pflichten – nur Unsinn".

„Guten Morgen, du kleiner Ferienheld", brummte Opa.

„Morgen, du großer Unsinn-Erklärer", murmelte Lukas zurück und schnappte sich ein Honigbrot.

Sie frühstückten in aller Ruhe, das Radio dudelte leise. Nach einer Weile setzte Lukas die Kakaotasse ab, schaute zum Fenster hinaus und sagte plötzlich:

„Opa, warum ist der Himmel eigentlich blau?"

Opa hob eine Augenbraue. „Jetzt geht das wieder los."

„Was?"

„Deine Welterklärungsfragen. Dafür brauch ich eigentlich mindestens zwei Tassen Kaffee."

„Ich geb dir Zeit."

Opa sah aus dem Fenster, so, als müsste er erst beim Himmel selbst nachfragen. Dann nickte er langsam.

„Also gut. Die offizielle Erklärung ist: Sonnenlicht trifft auf die Luft und wird von kleinen Teilchen gestreut, wobei das blaue Licht am stärksten gestreut wird."

„Aha."

„Die inoffizielle Erklärung ist: Irgendjemand da oben hat einfach eine Vorliebe für ein Babyblau. Wahrscheinlich die Regenbogen-Abteilung."

Lukas lachte. „Gibt's da echt eine Abteilung?"

„Klar. Die Himmel- und Wetterfarbenabteilung. Gleich neben der Abteilung für Morgentau und Nebelflötengeräusche."

„Nebelflötengeräusche?"

„Ganz selten. Nur früh morgens, wenn alle schlafen."

Lukas grinste und dachte kurz nach. Dann kam die nächste Frage:

„Und warum sieht der Mond manchmal aus wie eine Banane?"

„Ach, das ist ganz einfach", sagte Opa. „Weil der Himmel Hunger hat, aber nie genug Zeit zum Aufessen."

„Quatsch."

„Nicht ganz. Der Mond wird regelmäßig gegessen – aber immer nur zur Hälfte. Dann merkt der Himmel, dass er satt ist."

„Du bist unmöglich."

„Offiziell bestätigt."

Ein paar Minuten später:

„Und was ist eigentlich ein Regenbogen?"

„Ein Unfall", sagte Opa sofort. „Ein Farbtopf, der vom Himmel gefallen ist."

„Im Ernst?"

„Na gut", seufzte Opa. „Das Sonnenlicht trifft auf Regentropfen und zerteilt sich in Farben – wie ein geheimer Trick vom Himmel.

Aber ich persönlich finde, Regenbögen sind Grüße von Leuten, die man vermisst. Die wollen nur kurz Hallo sagen."

Lukas wurde still.

Dann flüsterte er: „Kann man auf einem Regenbogen laufen?"

„Vielleicht", sagte Opa. „Aber nur, wenn man nicht zu schwer denkt."

Lukas nickte langsam. Es war einer dieser Sätze, die man nicht ganz verstand – aber auch nicht vergessen wollte.

Nach dem Frühstück gingen sie raus in den Garten, und als sie in den Himmel sahen, war er noch immer babyblau. Vielleicht war da wirklich jemand, der ihn gestrichen hatte. Vielleicht sogar heute früh.

Der Geräteschuppen roch nach Öl, Holz und ein bisschen nach Abenteuer. Überall standen Dosen, Schraubenkisten, halbleere Farbtöpfe und Holzreste, die nur darauf warteten, endlich etwas zu werden.

„Also, mein Assistent", sagte Opa und rieb sich die Hände, „Projekt heute: Wir bauen eine Kiste."

„Für was?" fragte Lukas.

„Werkzeug. Erinnerungen. Versteckte Süßigkeiten. Alles, was man nicht verlieren darf."

Lukas nickte ehrfürchtig. Eine echte Holzkiste. Selbstgebaut. Kein Pappkarton. Kein Plastik. Echt.

Opa zog zwei Holzbretter hervor, hielt sie aneinander, schätzte grob ab und meinte: „Das passt. Irgendwie."

„Du misst gar nicht nach?"

„Luki, beim Bauen gibt's zwei Methoden: Die ganz genaue – und meine."

Lukas grinste. „Deine ist schneller."

„Und lustiger."

Dann holte Opa die große Säge aus dem Regal, blies Staub davon und legte sie feierlich auf den Arbeitstisch, als wäre sie ein Schatz.

„Darf ich?" fragte Lukas sofort.

„Na klar. Aber nur unter Aufsicht eines alten Mannes mit schnellen Fingern."

Lukas setzte an. Die Säge war schwer, sie rutschte ein paar Mal ab.

„Langsam. Lass die Säge die Arbeit machen. Du musst sie nur führen – wie beim Tanzen."

„Ich kann nicht tanzen."

„Dann lernst du's halt mit Holz."

Sie sägten. Sie hämmerten. Zwei Nägel gingen schief, einer krumm, einer halb daneben.

Opa verzog keine Miene. „Der Nagel hat heute wohl schlechte Laune."

Sie lachten.

Lukas bekam einen Holzsplitter, Opa zog ihn raus wie ein Profi. Danach gab's Kakao und Kekse – Bauarbeiterpause.

Als sie zurückkamen, diskutierten sie, ob das fertige Ding wirklich eine Kiste war.

„Sieht aus wie eine Bank", meinte Lukas.

„Oder wie eine sehr mutige Kiste."

„Oder wie beides."

„Dann ist es eine Bank-Kiste. Ein Sitz-Ding zum Sachen-reintun."

„Genial."

Als sie fertig waren, stand das Ding tatsächlich da – ein bisschen schief, ein bisschen wacklig, aber stabil genug, um sich draufzusetzen.

„Die erste Expedition war ein voller Erfolg", sagte Opa.

„Auch wenn wir nix reinlegen – wir haben was gebaut, das bleibt."

„Und das ist das Beste daran."

Es war später Nachmittag, die Sonne schien schräg durch die Bäume und warf goldene Flecken auf das Gras. Opa und Lukas saßen auf der frisch gebauten Kistenbank und tranken Kakao.

Da raschelte es plötzlich im Gebüsch.

Lukas spitzte die Ohren. „Hast du das gehört?"

„Wenn's kein Wildschwein ist, bleib sitzen", sagte Opa trocken.

Aus dem Gebüsch trat etwas sehr viel Kleineres als ein Wildschwein. Eine schwarz-weiße Katze, dünn wie ein Ast, mit großen grünen Augen, die alles gleichzeitig zu beobachten schienen.

Sie blieb stehen, musterte die beiden und wirkte dabei nicht besonders beeindruckt.

„Aha", sagte Opa, „hoher Besuch."

„Gehört die dir?" flüsterte Lukas.

„Die gehört niemandem. Die gehört sich selbst."

Lukas blieb still sitzen, bewegte sich kaum. Die Katze schnupperte in ihre Richtung, setzte sich – und tat so, als wäre sie zufällig hier.

„Wollen wir sie füttern?"

„Sie würde das vermutlich als höfliches Angebot betrachten", meinte Opa. „Und dann entscheiden, ob wir ihrer Würde entsprechen."

Lukas lachte. „Sie guckt wie... wie eine Königin."

„Genau. Und genau deshalb heißt sie ab jetzt Dame."

„Dame?"

„Klingt besser als ‚Frau Kratzfuß'."

Lukas rannte ins Haus, holte ein bisschen Schinken aus dem Kühlschrank und kehrte damit langsam zurück, ein Stück in der ausgestreckten Hand.

Die Katze kam näher. Ganz langsam.

„Tu so, als wärst du uninteressant", flüsterte Opa.

„Bin ich gar nicht!"

„Sie muss es aber glauben."

Die Katze schnupperte, sah Lukas kurz an – und nahm dann mit großer Eleganz das Schinkenstück.

Danach leckte sie sich das Maul und tappte davon, als hätte sie die Mahlzeit beim königlichen Mittagessen eingenommen.

„Und? Bleibt sie?" fragte Lukas.

„Wenn sie es für würdig hält. Oder wenn's morgen wieder Schinken gibt."

Nachtwandern und Nebelwölfe

„Taschenlampe – check. Mückenspray – check. Mut – wird noch eingepackt."

Opa stand im Flur mit einer Stirnlampe auf dem Kopf und einem Rucksack, der aussah, als würde er für eine Alpenüberquerung reichen. Lukas hatte eine Taschenlampe, die grün leuchtete, wenn man sie schüttelte – und ein belegtes Brot in der Jackentasche, zur Sicherheit.

„Wohin gehen wir eigentlich?" fragte Lukas, als sie das Haus verließen.

„In den kleinen Wald hinter dem Hügel. Keine Sorge, wir kommen zurück. Vielleicht sogar noch heute."

Lukas grinste. „Vielleicht?"

„Wenn uns die Nebelwölfe nicht erwischen."

„Die was?"

„Pssst...", flüsterte Opa und legte den Finger an die Lippen. „Nicht zu laut. Sie hören gut."

Der Wald war kein richtiger Wald – eher ein kleines Wäldchen mit alten Bäumen, krummen Ästen und Moos, das unter den Füßen nachgab. Doch in der Dunkelheit war alles anders. Die Geräusche klangen geheimnisvoll, manchmal wie ein Wispern, manchmal wie ein Kichern.

„Also", begann Opa leise, während sie auf einem Baumstumpf Platz nahmen, „es gibt Geschichten, die man nur nachts erzählen darf. Geschichten, die tagsüber zu albern wären – und nachts fast wahr."

„Wie zum Beispiel?"

„Zum Beispiel die von den Mooszwergen. Die, die aus den Schatten kommen, wenn niemand hinsieht. Sie sammeln verlorene Träume und verstecken sie in Baumhöhlen."

„Warum?"

„Weil Träume zerbrechlich sind. Und nachts, wenn man Angst hat, kann man sie leichter verlieren."

Lukas lehnte sich an Opa.

„Oder die Geschichte vom Baum mit dem Herz", fuhr Opa fort. „Der steht ganz hinten im Wald. Wer ihn umarmt, hört für einen Moment die Stimme von jemandem, den er vermisst."

„Gibt's den wirklich?"

„Vielleicht. Aber man darf nicht suchen. Er findet dich, wenn du ihn brauchst."

Lukas sagte eine Weile nichts. Dann: „Und die Nebelwölfe?"

„Ah. Die Nebelwölfe sind alt. Sehr alt. Sie laufen nur bei Vollmond, ganz leise. Und sie haben keine Zähne. Nur Geschichten. Wer ihnen begegnet, muss zuhören. Und wenn man nicht hinhört... dann muss man mitkommen."

„Mitkommen wohin?"

„Ins Land der alten Erzählungen."

„Und wie kommt man zurück?"

„Mit einem Witz. Nebelwölfe lieben gute Witze."

Lukas kicherte. „Was für ein Quatsch."

„Ich bin ausgebildeter Unsinn-Erklärer. Vertrau mir."

Sie gingen im Dunkeln zurück, mit flackerndem Licht und dem Rascheln der Nacht im Ohr. Und als sie wieder auf die Veranda traten, saß Dame auf der obersten Stufe, als hätte sie gewartet.

Später saßen sie im Garten. Zwischen ihnen knisterte ein kleines Lagerfeuer in einer alten Feuerschale, und die Flammen warfen tanzende Schatten auf Opas Gesicht.

Dame lag zusammengerollt auf einem Gartenstuhl, das Fell schimmerte im Licht wie flüssige Tinte.

Lukas rieb sich die Hände, obwohl es gar nicht kalt war. Opa hielt eine Tasse mit dampfendem Tee, der leicht nach Zitrone roch – oder nach irgendwas Pflanzlichem, das aus Opas geheimem Kräuterschrank kam.

„Ich mag das", sagte Lukas. „Feuer, Sterne, keine Schule."

„Fehlt nur noch ein Keks", sagte Opa.

„Ich hab noch einen in der Jacke. Der ist nur ein bisschen zerbröselt."

„Kekse sind wie Menschen. Innen zählt."

Lukas angelte ein zerknittertes Keksstück hervor, reichte Opa die Hälfte, und beide knabberten schweigend daran, während über ihnen der Himmel langsam in dunklem Blau versank.

„Weißt du, Luki", sagte Opa irgendwann leise, „wenn man so dasitzt und in die Flammen schaut... dann denkt man über Dinge nach, die man sonst lieber vergisst."

„Wie was?"

Opa zuckte mit den Schultern. „Na ja. Über das, was war. Und das, was vielleicht nicht mehr lange ist."

Lukas sah ihn an, verstand nicht ganz.

„Ich meine... irgendwann bin ich auch mal weg. So wie der Rauch da." Er deutete auf die dünne, weiße Fahne, die in den Himmel stieg.

Lukas verdrehte die Augen. „Jetzt hör auf. Du bleibst noch hundert Jahre."

„So lange halten nicht mal meine Socken."

„Dann halt neunzig."

Opa grinste. „Abgemacht. Aber falls ich vorher los muss... ich nehme deine Taschenlampe mit. Für den Weg."

Lukas lachte. „Die grün leuchtende?"

„Genau die."

„Dann findest du sicher zurück."

„Oder ich leuchte dir von oben, wenn du mal im Dunkeln sitzt."

Lukas grinste, aber irgendetwas daran war anders als sonst. Er wusste nicht genau, was. Es war nur so ein Gefühl.

Sie saßen noch eine Weile da, bis das Feuer nur noch glühte. Dame schnurrte leise.

Und über ihnen leuchteten die Sterne, als hätten sie zugehört.

Abschied, aber nur bis zum nächsten Mal

Dieser Morgen fühlte sich anders an.
Nicht kälter, nicht grauer – einfach... komisch. So, als hätte die Zeit ihre Richtung geändert. Als würde der Tag rückwärtslaufen.

Lukas saß auf der Veranda, die Füße auf der warmen Holzstufe, Dame auf seinem Schoß, schnurrend wie ein Motor im Leerlauf. Er streichelte sie gedankenverloren und zählte die Sonnenflecken im Garten.

Drinnen hörte man Opa rumoren. Tassen klapperten. Ein Schrank quietschte.

Aber Lukas rührte sich nicht.

„Letzter Tag", sagte er leise zu Dame. „Ich find, das klingt doof."

Sie gähnte, als würde sie zustimmen.

Opa kam kurze Zeit später mit zwei belegten Broten, balancierte sie auf einem Teller, den er auf der Stufe neben Lukas abstellte.

„Frühstück mit Aussicht. Letzter Tag muss nicht schlechter Tag heißen."

„Klingt aber so."

Opa setzte sich langsam hin. „Ja. Und manchmal fühlt er sich auch so an."

Lukas biss ins Brot, kaute lustlos. „Kann ich nicht einfach hierbleiben?"

„Du brauchst Schule. Freunde. Eltern, die dich nerven."

„Du nervst besser."

„Ich geb mir Mühe."

Sie saßen schweigend nebeneinander, während der Morgen sich lang hinzog schien wie ein altes Kaugummi.

Dann stand Lukas plötzlich auf.

„Komm. Ich will was bauen. Oder graben. Oder irgendwas."

„Kommst du nicht mit in den Ort, Souvenirs kaufen?"

„Ich will keine Souvenirs."

„Warum nicht?"

Lukas dachte nach. „Weil ich nichts mitnehmen will. Ich will hierbleiben."

Opa nickte. „Manche Orte nimmt man sowieso mit. Auch ohne Tüte."

„Zum Beispiel wo?"

„Na – hier drin." Er tippte sich auf die Brust. „Wenn du etwas wirklich erlebt hast, bleibt's da drin. Auch wenn du's nicht in den Rucksack packst."

Lukas ließ sich wieder neben ihn plumpsen.

„Ich kann dich ja einfach verstecken, wenn Mama kommt", schlug Opa leise vor.

„Wo denn?"

„In der Kiste, die wie eine Bank aussieht."

Lukas grinste. „Zu klein."

„Dann eben im Hasenstall."

„Noch kleiner."

„In der Küche. Ich tu so, als wärst du eine Thermoskanne."

Sie lachten. Und das Lachen machte den letzten Tag ein kleines bisschen heller.

Drinnen roch es nach Rührei, Toast und ein bisschen angebranntem Käse.
Opa stand am Herd, eine Schürze mit dem Aufdruck *„Koch? Nein. Magier."* umgebunden, und rührte mit ernstem Gesicht in der Pfanne.

„Nicht stören", sagte er, „ich führe gerade eine Verhandlung mit dem Ei."

„Was will es?" fragte Lukas.

„Es will nicht anbrennen. Ich habe gesagt: unmöglich."

Lukas lachte und deckte den Tisch – etwas schief, mit zwei verschiedenen Bechern und einem Marmeladenglas ohne Etikett.

Als sie sich schließlich gegenübersaßen, fühlte es sich fast an wie ein ganz normaler Tag. Fast.

„Also", sagte Opa mit vollem Mund, „wir brauchen einen Plan."

„Wofür?"

„Für den nächsten Sommer. Man kann nie früh genug anfangen."

„Ein Geheimplan?"

„Natürlich. Nur für uns. Sonst könnten sich Mama und Papa einmischen."

„Was steht drauf?"

Opa klappte ein altes Notizbuch auf – der Umschlag war zerknittert, auf der ersten Seite stand in krakeliger Schrift:
„Geheime Opa-Luki-Missionen"

„Mission eins", las Opa: „Eine Hütte im Wald bauen."

„Mit Geheimausgang!" warf Lukas ein.

„Und Falltür!"

„Und Alarmanlage mit Topfdeckeln!"

„Mission zwei: Die große Pfannkuchen-Weltmeisterschaft."

„Opa gegen Luki?"

„Genau. Gewinner darf die nächste Pfanne dreckig machen."

„Und der Verlierer?"

„Muss sie sauber machen."

Sie lachten. Dann wurde es kurz still.

Lukas stocherte mit der Gabel im Rührei. „Aber... was, wenn was dazwischenkommt?"

Opa tat, als müsste er sehr genau nachdenken. Dann sagte er: „Dann machen wir den Plan eben ein bisschen später. Aber er bleibt."

„Versprochen?"

„Versprochen. Kein Sommer ohne Abenteuer. Und kein Abenteuer ohne dich."

Lukas nickte und klappte das Notizbuch zu.

„Ich schreib's auf. Für den Fall, dass du was vergisst."

„Ich vergesse nie was Wichtiges."

„Echt nicht?"

„Doch. Aber du erinnerst mich ja dran."

Die Glücksmünze

Die Koffer standen gepackt im Flur. Lukas hatte seine Schuhe an, aber noch nicht zugebunden – das war sein letzter stiller Protest gegen das Wegfahren.

Opa kam aus dem Wohnzimmer, die Hände auf dem Rücken versteckt. Er trat vor Lukas und räusperte sich so bedeutungsvoll, dass sogar Dame kurz den Kopf hob.

„Bevor du gehst", begann er mit tiefer Stimme, „muss ich dir noch etwas überreichen."

Lukas sah ihn skeptisch an. „Ein Zaubertrank?"

„Besser."

„Ein Kompass, der in andere Welten zeigt?"

„Noch besser."

Opa machte einen kleinen Schritt nach vorn, beugte sich zu Lukas hinunter und legte ihm eine alte, messingfarbene Münze in die Hand.

„Tadaa."

Lukas drehte sie um. Auf der einen Seite war ein Adler, auf der anderen irgendeine Zahl, die halb abgegriffen war.

„Das ist deine Glücksmünze", sagte Opa feierlich. „Sie ist über fünfzig Jahre alt, wurde dreimal verlegt, zweimal wiedergefunden und hat einen Kurzurlaub in der Waschmaschine überlebt."

„Sieht man ihr nicht an."

„Das ist die Magie. Sie tut so, als wäre sie ganz normal."

Lukas hielt sie gegen das Licht. Sie glänzte nicht besonders. Sie war ein bisschen schief. Aber sie fühlte sich gut an – schwer, irgendwie richtig.

„Was mach ich damit?"

„Immer, wenn du sie in der Tasche hast, weißt du: Du bist nie ganz allein. Und wenn du mal nicht weiterweißt, kannst du sie werfen."

„Und sie sagt mir, was ich tun soll?"

„Nicht unbedingt. Aber sie hilft dir, dich zu entscheiden. Manchmal reicht das."

„Kopf oder Zahl?"

„Kopf: Mut. Zahl: Herz. Beides ist nie falsch."

Lukas grinste. „Du hast die doch erfunden, oder?"

„Ich? Niemals. Ich habe sie nur... weitergegeben."

Er nickte mit ernster Miene, dann zwinkerte er.

„Du kannst sie übrigens auch benutzen, um heimlich zu entscheiden, ob du Brokkoli isst oder nicht."

„Dann ist sie wirklich magisch."

Der Moment des Abfahrens

Das Motorengeräusch war schon zu hören, noch bevor das Auto um die Kurve bog.
Lukas saß auf der Veranda, die Glücksmünze in der Faust, als das silberne Familienauto langsam in die Einfahrt rollte.

„Na, die Rückholtruppe ist da", murmelte Opa.

„Ich geh nicht freiwillig", sagte Lukas und streichelte Dame, die auf seiner Jacke lag und sich gegen seinen Arm drückte, als hätte sie denselben Gedanken.

Mama stieg aus und rief: „Luuuuki!" – so wie sie es immer tat, wenn sie ihn zu sehr vermisst hatte.

Er rannte ihr entgegen, ließ sich drücken, meckerte nicht mal.

„Du bist gewachsen", stellte sie fest.

„Ich hab mich gestreckt."

Papa hob die Koffer ins Auto, musterte die Kiste mit einer Augenbraue. „Hat sie schon TÜV?"

„Erste Sahne", sagte Opa. „Ist gleichzeitig Bank, Geheimversteck und Notunterkunft."

„Ich sehe, ihr hattet eine produktive Zeit."

„Wir waren auf Expedition", sagte Lukas.

„Na dann."

Die Stimmung war seltsam. Nicht traurig, aber auch nicht fröhlich. So wie eine Suppe, in der man zu viel Salz, aber irgendwie genau das richtige Gefühl hat.

Lukas band seine Schuhe. Langsam. Sehr langsam.

Dann stand er neben Opa. „Ich komm bald wieder, ja?"

„Versprochen."

„Versprochen."

Dame sprang plötzlich von der Veranda, schnurrte um Lukas' Beine, dann um Opa – und blieb schließlich genau dort sitzen.

„Kommt sie mit?" fragte Mama.

„Niemals", sagte Lukas sofort. „Die ist hier zu Hause."

„Sie passt auf mich auf", fügte Opa an. „Damit ich keinen Blödsinn mache."

„Könnte schwierig werden", murmelte Papa.

Lukas beugte sich zu Dame hinunter, kraulte sie zwischen den Ohren. „Bleib bei ihm, okay?"

Sie schnurrte – ganz leise, fast geheim.

Dann stieg Lukas ins Auto. Noch einmal winken. Noch einmal die Veranda sehen. Noch einmal den Mann mit der Schürze und der Stirnlampe und dem Riesenherz.

Dann bog das Auto in die Allee ein.
Und der Sommer bei Opa war vorbei.

Das Auto rollte langsam über die schmale Allee, vorbei an alten Bäumen, deren Zweige sich wie lange Arme über die Straße streckten.

Lukas hatte die Stirn ans Fenster gelegt.
Die Scheibe war warm vom Sonnenlicht – und sein Atem hinterließ kleine, runde, Nebelflecken.

Er sah zurück. So lange er konnte.
Opa stand noch immer auf der Veranda, eine Hand in der Hüfte, die andere erhoben zum Gruß – ganz still, wie eine Statue mit Augen, die alles sahen.

Neben ihm saß Dame, ganz aufrecht, die Pfoten fein unter dem Bauch gefaltet, wie eine echte Dame. Auch sie schaute dem Auto nach.

Lukas hob die Hand. Ganz langsam.
Und obwohl er wusste, dass Opa ihn längst nicht mehr sehen konnte, ließ er sie oben. Nur für den Fall.

„War's schön?" fragte Mama nach einer Weile.

„Mhmm."

„Was habt ihr alles gemacht?"

„Viel. Gebaut. Gelacht. Geschichten gehört."

„Und, was war das Beste?"

Lukas dachte kurz nach. Dann sagte er: „Alles."

Mehr sagte er nicht.
Er drehte die Glücksmünze in der Jackentasche zwischen den Fingern.

Und während die Felder vorbeizogen und die Stadt langsam näherkam, war sein Kopf voller Bilder:
Die Kistenbank.
Der Lagerfeuerrauch.
Der Wald.
Und Opas Stimme.

Ein kleines Lächeln huschte über sein Gesicht.

Nicht, weil er sich freute – sondern weil er etwas mitnahm.

Etwas, das nicht in den Koffer passte.

Zurück im Alltag

Der Wecker klingelte zu früh. Oder zu laut. Oder einfach falsch. Lukas tastete im Halbschlaf nach dem Knopf, drückte ihn – und lag noch eine Weile mit offenen Augen da. Die Sonne fiel durch die Vorhänge, aber es war nicht mehr das warme Sommerlicht von Opas Garten.

Es war das Licht, das sagt: „Steh auf, die Schule wartet."

„Uff", murmelte er, stand auf und tappte ins Bad.

Die Zahnpasta schmeckte wie immer. Das Frühstück roch wie immer. Mama rannte durch die Wohnung wie immer.

Aber irgendwas war nicht wie immer.

Im Klassenzimmer war es laut. Alle redeten durcheinander. „Warst du im Urlaub?" – „Wir waren am Meer!" – „Ich habe einen Salto gelernt!"

„Ich war bei meinem Opa", sagte Lukas, als ihn jemand fragte.

„Schon wieder?"

„Ja. Zwei Wochen. Wald, Katze, Geschichten, Lagerfeuer."

„Cool."

Aber niemand fragte weiter. Und Lukas sagte auch nicht mehr.

Er setzte sich an seinen Fensterplatz, schaute hinaus in den Himmel. Babyblau. Keine Wolken. Genau wie damals, am ersten Ferientag.

Er drehte die Glücksmünze in der Hosentasche. Die fühlte sich an wie Opas Stimme.

Beim Aufrufen der Hausaufgaben erwischte ihn die Lehrerin:
„Lukas? Wie lautet die Lösung zu Nummer drei?"

Er blinzelte. „Äh... Wolken."

Ein paar lachten.

„Wir rechnen mit Zahlen, nicht mit Wetter", sagte sie freundlich.

Lukas lächelte kurz, aber innerlich war er weit weg.
Dort, wo die Werkbank stand.
Wo Dame durch die Küche tappte.
Wo Opa sagte: *„Du musst die Säge nur führen – wie beim Tanzen."*

Der Tag verging irgendwie.

Nicht schlecht. Nicht toll. Einfach... normal.

Aber in Lukas' Kopf war noch Sommer. Und Opa. Und das Gefühl,
dass alles ein kleines bisschen... leiser geworden war.

Zuhause war alles wie immer.
Die Wäsche im Flur lag wie immer auf dem Stapel „Mach ich
gleich", das Abendessen bestand wie immer aus „Irgendwas mit Nudeln", und Mama fragte wie immer: „Und? Wie war's in der Schule?"

Lukas antwortete mit Schulterzucken, wie immer.
Aber in seinem Kopf war ein anderes „Wie war's" – eins, das Opa
gestellt hätte.
*„Hast du heute was Neues gelernt? Oder wenigstens was Lustiges ge-
hört?"*

Nach dem Essen nahm Lukas den Hörer vom alten Festnetztelefon.
Opa bestand auf Festnetz – *„weil das so schön knackt, bevor es klin-
gelt."*

Er wählte die Nummer. Drei Töne, dann klickte es.

„Hinterweg 7, hier spricht der Unsinn-Erklärer."

Lukas grinste. „Hier spricht dein Assistent."

„Ah! Der Entdecker. Der Hüttenspezialist. Der Held der Kisten-bank!"

Sie redeten über die Schule, über Lehrer mit komischen Stimmen, über einen Mitschüler, der ein Loch im T-Shirt hatte und behaup-tete, das sei „Style".

Opa lachte – aber nicht so laut wie sonst.

„Alles gut bei dir?" fragte Lukas.

„Na klar. Ich trink gerade Kamillentee und warte darauf, dass der Abend sich lohnt."

„Was heißt das?"

„Na, manchmal bringt der Abend noch was Schönes. Einen Mond. Eine Erinnerung. Einen Anruf."

Lukas sagte nichts, aber sein Herz machte kurz einen Hüpfer.

„Was machst du morgen?" fragte er.

„Wahrscheinlich den Garten anschauen. Und dann wieder rein. Ich werde ein bisschen schneller müde als früher."

„Müde wovon?"

„Ach, vom Denken. Ist ja auch schwer mit all den verrückten Ideen im Kopf."

Lukas lachte, aber diesmal war da auch ein leiser Zweifel.
Irgendetwas klang... anders.
Nicht traurig. Nur... leiser.

„Ich ruf dich übermorgen wieder an, okay?"

„Ich zähl drauf. Und bring einen Witz mit. Die Nebelwölfe fragen schon."

Am Abend

Lukas kam aus dem Bad, barfuß, das Handtuch wie ein Umhang um die Schultern gewickelt. Er wollte gerade nach seiner Zahnbürste greifen, da hörte er es.

Stimmen. Gedämpft. Von der Küche.

Er blieb stehen. Nicht, weil er lauschen wollte – aber weil das, was er hörte, irgendwie nicht klang wie normales Elterngerede.

„...und er wirkt müder als sonst", sagte Mama.

Ein Teller klirrte. Dann Papas Stimme: „Hat er was gesagt?"

„Nicht viel. Du kennst ihn ja – macht alles runter. Aber er war beim Arzt."

Lukas' Herz machte einen kleinen Sprung. Opa. Arzt.

Er ging ein paar Schritte leiser, trat auf die Zehenspitzen.
Jetzt verstand er mehr.

„Er hat Kopfschmerzen", sagte Mama. „Und das ist nicht einfach so."

„Vielleicht ist es nur das Alter", meinte Papa.

„Vielleicht." Kurze Pause.

Dann Mamas Stimme, leiser: „Oder was anderes."

Stillstand. Für einen Moment schien auch das Kochen in der Küche still zu sein.

„Sag Lukas nichts", fügte Mama noch hinzu. „Noch nicht. Solange wir nichts Genaues wissen."

Lukas trat zurück. Nicht aus Angst, entdeckt zu werden – sondern weil er plötzlich nicht mehr stehen wollte.

In seinem Bauch war ein Gefühl, das sich seltsam anfühlte. Wie wenn man im Dunkeln nach dem Lichtschalter tastet und ihn nicht findet.

Er ging leise in sein Zimmer, legte sich ins Bett und starrte an die Decke.
Er sagte sich, dass es bestimmt nichts war. Bestimmt war alles gut. Bestimmt.

Aber in seiner Jackentasche, am Haken neben der Tür, lag die Glücksmünze.
Und die fühlte sich heute ein kleines bisschen kälter an als sonst.

Am nächsten Nachmittag saß Lukas am Küchentisch, die Hausaufgaben vor sich – aber sein Stift ruhte seit Minuten auf dem Rand des Mathehefts.
Mama schnippelte Karotten. Die Küche roch nach Suppe und ein bisschen nach frisch gewaschener Wäsche.

„Mama?"

„Hm?"

„Ist Opa krank?"

Der Schneide-Rhythmus auf dem Holzbrett stockte kurz, kaum merklich – aber Lukas hörte es.

„Wieso fragst du?"

„Ich habe euch reden hören. Wegen dem Arzt."

Mama legte das Messer ab, drehte sich halb zu ihm.
Ihr Gesicht wirkte müde, aber freundlich.

„Opa ist nur ein bisschen schlapp, das ist alles. Er ist eben nicht mehr der Jüngste."

„Hat er Schmerzen?"

„Manchmal ein bisschen. Im Kopf. Aber er bekommt etwas dagegen."

Lukas sah sie an. Nicht traurig. Nicht wütend. Nur... wach.

„Wird das wieder gut?"

Mama lächelte. „Bestimmt. Opa ist zäh. Wie ein alter Baum, weißt du? Die knarren manchmal, aber sie stehen noch lange."

Lukas nickte langsam. Aber in seinem Innern nagte etwas.
Nicht, weil Mama gelogen hatte – das glaubte er nicht.
Aber weil sie nicht alles gesagt hatte.

Er schrieb weiter an seiner Aufgabe, ließ das Thema fallen.
Doch in seinem Kopf war es längst nicht mehr weg.

Am Abend - Lukas lag in seinem Bett. Die Decke war bis zur Nase hochgezogen, und nur seine Zehen schauten unten ein kleines Stück hervor – genau so, wie er es mochte.
Der Mond warf silberne Streifen durch die Jalousien.

Alles war ruhig. Zu ruhig.

Er hatte längst das Licht gelöscht. Das Buch, das neben ihm lag, war eins von denen, die er sonst in einem Rutsch verschlang.
Heute nicht. Heute hatte er nach fünf Seiten aufgehört.

Es war, als ob in seinem Kopf tausend kleine Fragen hin und her liefen.

Nicht mit Geräuschen – sondern wie Flüstern im Dunkeln. Leise.
Aber unaufhörlich.

Er hatte Mama heute geglaubt. Irgendwie.
Aber irgendwie auch nicht ganz.

Opa ist nur ein bisschen schlapp.
Er ist eben nicht mehr der Jüngste.
Opa ist zäh – wie ein Baum.

Aber Lukas wusste, dass sogar alte Bäume manchmal umfallen, wenn man nicht damit rechnet.

Er dachte an das Telefonat. An Opas Stimme, die ein bisschen langsamer geklungen hatte als sonst.
Nicht traurig. Nur müde.

Und an die Sache mit dem Arzt.
Und an das Gespräch, das er nicht hören sollte.
Und an den Satz, den Opa am Lagerfeuer gesagt hatte:
„Wenn ich vorher los muss... ich nehme deine Taschenlampe mit."

Damals hatte er gelacht. Jetzt nicht mehr.

Er griff zur Jacke, die an der Türklinke hing, tastete nach der Münze.
Sie war da. Kühl. Glatt.

Er legte sie sich in die Hand, schloss die Finger darum.

„Du sagst mir, wenn was nicht stimmt, oder?" flüsterte er.
Natürlich antwortete die Münze nicht.
Aber sie war da. Und das war vielleicht schon genug.

Lukas schloss die Augen.
Aber in seinem Bauch blieb etwas zurück.

Kein Schmerz. Kein richtiger Kummer. Nur ein Gefühl.
Als wenn man im Dunkeln nach etwas sucht und nicht weiß, ob es überhaupt noch da ist.

Die Diagnose

Es war ein Samstagnachmittag. Die Sonne schien schräg ins Wohnzimmer, so wie sie es manchmal macht, wenn der Tag sich langsam zur Seite legt.
Lukas saß gerade am Esstisch und baute aus Knetmasse ein ziemlich schiefes Raumschiff, als Mama ihn rief.

„Luki? Komm bitte mal kurz zu uns."

Ihre Stimme klang anders. Nicht streng, nicht traurig. Einfach... ruhig. Zu ruhig.

Im Wohnzimmer saßen Mama und Papa auf dem Sofa. Beide schauten ihn an.

Lukas blieb einen Moment stehen.
„Hab ich was falsch gemacht?"

„Nein, Schatz." Mama klopfte auf die Sofakante. „Komm, setz dich."

Er ließ sich neben sie fallen. Spürte sofort ihre Hand, die sich um seine schloss.

Papa beugte sich ein kleines Stück vor.
„Es geht um Opa."

Lukas' Herz klopfte ein bisschen schneller.
„Hat er wieder was vergessen?"

„Nein", sagte Mama leise. „Es ist ein bisschen ernster."

Sie sahen sich kurz an, dann sagte Papa:
„Opa war noch mal beim Arzt. Weil er oft müde war. Und weil er manchmal Kopfweh hatte, das nicht richtig wegging."

Lukas nickte. Das wusste er. Opa hatte es am Telefon gesagt.

„Und… der Arzt hat etwas gefunden", fuhr Mama fort. „Etwas, das da im Kopf nicht hingehört."

Lukas blinzelte.
„Was denn?"

„Etwas, das wächst. So wie eine Beule. Nur innen. Ganz tief drin, wo man es nicht sieht. Und es macht, dass Opa sich oft schlecht fühlt."

„Kann man das wegmachen?"

Mama atmete durch. „Nicht einfach mal eben so. Es ist schwierig. Und es ist an einer Stelle, wo man nicht gut drankommt."

„Aber… es geht wieder weg, oder?"

Niemand antwortete sofort.

Dann sagte Papa ganz vorsichtig:
„Wir wissen es nicht genau. Aber Opa wird nicht mehr ganz gesund."

Lukas starrte auf den Boden.
Der Teppich hatte ein Muster, das aussah wie kleine Wellen. Plötzlich wirkten sie seltsam schief.

Mama legte den Arm um ihn.
„Du darfst alles fragen. Auch später noch. Oder morgen. Oder nächste Woche."

Lukas sagte nichts. Er fühlte sich nicht traurig. Noch nicht.
Nur… leer. Und ein bisschen so, als hätte jemand in seinem Bauch die Möbel verrückt.

„Aber…", sagte Lukas nach einer langen Pause.
„Wenn da was ist – also dieses Ding in Opas Kopf – kann man das doch bestimmt einfach wegmachen. Oder?"

Mama antwortete nicht sofort.
Sie drehte seinen kleinen Finger in ihrer Hand, so wie sie es manchmal tat, wenn sie selbst nicht genau wusste, was sie sagen sollte.

Papa lehnte sich zurück, atmete tief durch.
„Weißt du, Luki... so ein Ding im Kopf, das ist nicht wie ein Splitter im Finger. Oder wie eine Murmel, die man einfach rausholen kann."

„Warum nicht?"

„Weil es tief drin ist. Ganz nah an Sachen, die wichtig sind – zum Denken, zum Sprechen, zum Leben."

Lukas runzelte die Stirn.
„Aber es gibt doch Ärzte. Die machen doch so was."

„Ja, das stimmt. Und die haben auch ganz viel versucht. Opa hat Untersuchungen gemacht. Er bekommt jetzt auch Medikamente. Die helfen ein bisschen. Aber..."

Mama beendete den Satz:
„Aber sie machen es nicht weg. Nur ein bisschen leichter."

Lukas nickte. Langsam. Aber man konnte sehen, dass es in seinem Kopf arbeitete.

„Wird es größer?"

Papa sah ihn an. Direkt. Und ehrlich.
„Ja. Leider ja."

„Und was passiert dann?"

Wieder diese Pause. Kein Schweigen – eher dieses vorsichtige Suchen nach der richtigen Antwort.
Dann sagte Mama ganz leise:
„Dann wird Opa müder. Und langsamer. Und irgendwann... wird er vielleicht nicht mehr bei uns sein."

Lukas starrte wieder auf den Boden.
Diesmal sagte er nichts.
Nicht, weil er nicht konnte – sondern weil er nicht wusste, welche Frage er als Nächstes stellen sollte.

Mama hatte ihren Arm um Lukas gelegt, aber sie sagte nichts.
Auch Papa schwieg.
Es war nicht die Sorte Stille, die weh tut – eher die, die einem Zeit lässt.

Schließlich fragte Lukas leise:
„Aber es gibt doch Sachen gegen Krankheiten. Tabletten. Spritzen. Oder Operationen. So wie bei Max, als er die Polypen rausbekommen hat."

Mama nickte langsam.
„Ja. Für viele Sachen gibt es Hilfe. Und auch Opa bekommt Medikamente – damit es ihm besser geht."

„Aber das heilt ihn nicht?"

Papa beugte sich wieder ein bisschen vor, sprach leiser.
„Nein. Es macht manches leichter. Aber... es heilt ihn nicht."

„Warum nicht?"

„Weil diese Krankheit... zu stark ist. Und zu tief drin. Manchmal kann man etwas nicht mehr aufhalten, selbst wenn man alles versucht."

Lukas schaute auf seine Knie.
Seine Finger lagen still. Kein Wippen. Kein Zupfen.

„Und dann...?"

„Dann muss man Zeit schenken", sagte Mama.
„Liebe. Nähe. Dinge, die keine Medizin ersetzen kann."

„Also... er stirbt?"

Niemand sagte das Wort laut.
Aber niemand wich aus.

Mama nickte nur ganz langsam. Dann drückte sie ihn sanft an sich.
„Nicht heute. Und nicht morgen. Aber irgendwann. Ja."

Lukas blieb ganz ruhig.
Aber irgendetwas in ihm kippte. Nicht laut. Nicht wie ein Sturz.
Eher wie ein Stuhl, der langsam umfällt, weil er ein Bein verloren
hat.

Das Gespräch war zu Ende.
Nicht, weil jemand „So, jetzt ist Schluss" gesagt hätte – sondern
weil plötzlich nichts mehr gesagt werden konnte, das noch wichtig
genug war.

Lukas saß noch immer zwischen Mama und Papa auf dem Sofa,
aber es fühlte sich an, als säße er viel weiter weg.

„Also... er stirbt?"
Er hatte das Wort selbst gesagt. Es war aus seinem Mund gekommen. Aber es fühlte sich fremd an.
Komisch. Schwer. Wie ein Stein im Bauch.

„Stirbt" – das war doch das, was in Filmen passiert. Wenn Ritter fallen. Oder wenn der Bösewicht am Ende verschwindet.
Oder Tiere.
Oder ganz alte Leute, die man kaum gekannt hatte.

Aber Opa?
Opa war doch Opa.
Der mit der Stirnlampe. Der Quatschgeschichten erfand. Der eine
Katze hatte, die Dame hieß und keine Regeln mochte.

Lukas zog die Beine an den Körper. Legte die Stirn auf die Knie.
Er sagte nichts.

In seinem Kopf rauschten Gedanken wie ein riesiger Wind. Ohne Richtung. Ohne Halt.

Heißt das... ich kann ihn bald nie mehr sehen?
Heißt das... wir bauen nie wieder was zusammen?
Heißt das... ich muss Tschüss sagen, aber so, dass es nicht wieder ein „Hallo" wird?

Er merkte, dass Mama seine Schulter streichelte. Ganz vorsichtig. Und dass Papa leise etwas sagte wie: „Wir sind für dich da."

Aber es war, als hätte jemand eine dicke Glaskugel um ihn herumgestellt.
Er sah sie. Er hörte sie.
Aber er war plötzlich woanders.

Er dachte an Opas Haus.
An die Kistenbank.
An das Lagerfeuer.
An das Lachen.
Und an den Moment, als Opa sagte: *„Ich leuchte dir von oben, wenn du mal im Dunkeln sitzt."*

Lukas atmete leise ein. Und aus. Noch mal. Noch mal.
Er weinte nicht. Noch nicht.
Aber tief in ihm begann etwas zu bröckeln.
Wie ein Damm, der das Wasser nicht mehr ganz halten kann.

Später – am Abend

Es war spät.
Zu spät, um noch wach zu sein – aber Lukas wusste, dass der Schlaf heute länger brauchen würde.

Er lag auf der Seite, das Zimmer war fast ganz dunkel, nur der Mond warf ein milchiges Rechteck auf den Fußboden.

Die Schatten an der Wand bewegten sich kaum. Alles war still. Nur sein Herz klopfte – nicht schnell, aber irgendwie lauter als sonst.

Die Bettdecke war warm. Zu warm. Er strampelte sie ein Stück weg, zog sie dann doch wieder hoch.
Hin und her. So wie seine Gedanken.

Er streckte den Arm zur Jacke, die über dem Stuhl hing.
Tastete in die Tasche.
Fand sie sofort.
Die Münze.

Er schloss die Hand darum, ganz fest.
Sie war nicht mehr kühl – sondern schon ganz vertraut.
Wie ein kleiner Anker. In einem großen Meer.

Lukas hielt sie unter die Decke, direkt an seine Brust.
Sein Daumen fuhr über den Rand, wieder und wieder.

Dann flüsterte er – so leise, dass selbst die Dunkelheit kaum zuhörte:
„Bleib bei mir, Opa."

Mehr sagte er nicht.
Es gab auch nichts mehr zu sagen.

Die Münze lag in seiner Hand, als er irgendwann doch einschlief.

Und sie blieb dort – die ganze Nacht.

Erste Veränderungen

Es war Samstagvormittag.
Die Sonne stand hell über dem Haus, als Mama das Auto in der kleinen Auffahrt stoppte.

„Nur ein kurzer Besuch, nicht mehr als 2 bis 3 Tage, ja?", hatte sie gesagt.
„Opa braucht viel Ruhe im Moment."

Lukas hatte genickt.
Aber in seinem Bauch kribbelte es. Nicht wie Vorfreude. Mehr wie... Warten auf etwas, das man nicht ganz versteht.

Er stieg aus, lief die wenigen Schritte zur Tür und klingelte nicht.
Er wusste: Opa mochte das nicht. *„Türklingeln ist was für Leute, die nicht willkommen sind."*

Also klopfte er. Zweimal kurz, einmal lang – ihr geheimes Klopfzeichen.

Es dauerte.
Dann hörte er Schritte. Nicht die festen, schnellen wie sonst. Langsame. Schleichende.

Die Tür öffnete sich.

Opa stand da – und lächelte.
Aber Lukas brauchte nur einen Blick, um zu merken: Etwas war anders.

Opa war dünner. Sein Gesicht wirkte ein wenig blasser, die Lachfalten tiefer.
Und seine Augen – sie waren freundlich wie immer, aber dahinter lag etwas, das Lukas nicht benennen konnte.
Etwas... Müdes.

„Na, Luki! Mein Lieblingsbesucher!"

„Hi Opa!" Lukas umarmte ihn vorsichtig.
Und spürte: Die Umarmung war weich. Nicht mehr so fest wie sonst.

„Na los, komm rein. Ich hab extra das Sofa zurechtgerückt, damit du sitzen kannst, ohne sofort wieder loszurennen."

Sie gingen ins Wohnzimmer.
Langsam. Opa musste sich auf das Geländer am Flur stützen.

Lukas setzte sich aufs Sofa. Opa auf den Sessel gegenüber – langsam, mit einem kleinen Seufzer.

„Wie geht's dir?", fragte Lukas.

„Och... sagen wir mal: wie ein alter Kater an einem warmen Tag."

„Also gut?"

„Naja... einer, der lieber liegt als springt."

Lukas lachte, aber sein Blick glitt kurz zu Opas Händen.
Die zitterten ein bisschen. Nur leicht. Aber genug, um es zu bemerken.

„Warst du draußen?"

„Heute nicht. Gestern ein bisschen. Der Garten ist irgendwie... größer geworden."

„Der Garten ist doch gleich groß wie immer."

„Ja", murmelte Opa. „Ich bin nur kleiner geworden."

Er zwinkerte.
Aber das Zwinkern war langsamer.

Lukas wollte etwas sagen – vielleicht einen Witz machen, vielleicht einfach schweigen – aber in seinem Kopf war ein leiser Gedanke, der nicht weggehen wollte:

Opa ist nicht mehr der, der er vor den Ferien war.

Immer noch Opa.
Immer noch lieb.
Immer noch voller Geschichten.

Aber: langsamer.
Still.
Und ein kleines Stück weiter weg.

„Na los", sagte Opa, als sie den Tee ausgetrunken hatten. „Lass uns eine Runde durch den Garten drehen. Ich muss den Tomaten drohen."

Lukas sprang sofort auf. „Ich schau, ob sie schon Angst haben."

„Wenn sie rot anlaufen, hat's funktioniert."

Opa schob sich langsam vom Sessel hoch. Es dauerte ein bisschen.

Früher war er wie ein Klappstuhl aufgesprungen – jetzt war es eher wie ein Segelschiff, das vorsichtig aus dem Hafen gleitet.

Aber er schaffte es. Ohne zu jammern. Nur mit einem kleinen Schmunzeln.

Im Flur stand sein Spazierstock, den er früher nur „den alten Kumpel" genannt hatte.
Heute lehnte er sich mit einem kurzen Seufzen darauf.

„Bereit?" fragte Lukas.

„Wie ein Faultier vor dem Marathon."

Sie gingen durch die Terrassentür nach draußen. Die Sonne war mild, die Luft roch nach Erde und ein bisschen nach Lavendel –

oder nach dem Waschmittel, mit dem Opa seine Gartenjacke wusch.

Dame schlüpfte mit erhobenem Schwanz an ihnen vorbei, stolz und langsam, wie eine königliche Eskorte.

„Ah, die Chefgärtnerin ist auch dabei", murmelte Opa.

„Dame hat den Überblick", sagte Lukas. „Sie ist wahrscheinlich die Einzige, die weiß, wo du deine Gartenschere hingelegt hast."

„Ich tu nur so, als hätt' ich sie verlegt. Damit sie was zu tun hat."

Sie erreichten das Tomatenbeet.
Opa beugte sich leicht vor, stützte sich ab. Dann streckte er vorsichtig eine Hand aus und schob ein Blatt zur Seite.

„Wenn du das nächste Mal kommst, sind die da reif. Rot wie meine Ohren nach scharfer Suppe."

„Kann ich dann eine essen?"

„Du darfst sogar zwei klauen. Aber nur, wenn du's heimlich machst."

„Und wenn du's siehst?"

„Dann bin ich offiziell enttäuscht. Und inoffiziell stolz."

Sie gingen weiter.
Nicht weit – nur ein paar Meter zum Apfelbaum. Dann machte Opa halt.

Er atmete langsam. Legte eine Hand an den Stamm.

„Weißt du, wie alt der ist?"

„Älter als du?"

„Frechheit." Opa lächelte. „Aber ja."

Lukas stellte sich daneben, beide sahen hinauf.
Ein paar Äpfel waren schon zu sehen – klein, grün, mit roten Punkten.

Dame rieb sich an Opas Bein, als wollte sie sagen: *Langsam ist okay.*
Dann legte sie sich ins Gras und gähnte.

„Weißt du", sagte Opa nach einer Weile, „früher bin ich hier durchgerannt. Einmal rundherum in fünf Minuten. Heute fühl ich mich, als wäre ich den halben Himalaya hochgeklettert."

„Willst du zurückgehen?"

„Nein, mein Junge. Ich will noch ein Stück bleiben."

Sie gingen bis zur Gartenbank unter dem Fliederbusch.
Opa ließ sich vorsichtig nieder. Lukas setzte sich neben ihn.

„Wenn man langsam geht", sagte Opa, „sieht man Dinge, die man sonst verpasst."

„Was zum Beispiel?"

„Schau mal: die Biene da, auf der Ringelblume. Und da – eine Schnecke auf Weltreise."

„Die ist fast so schnell wie du", flüsterte Lukas.

Opa grinste. „Wenn sie anfängt zu husten, wissen wir, dass sie alt ist."

Sie saßen noch eine Weile.

Dame schlief im Schatten.

Der Wind raschelte leise in den Blättern.

Und für einen Moment war alles da, was zählte: Ruhe, Nähe, Zeit.

„Was gibt's zu essen?" fragte Lukas, als sie wieder im Haus waren.

Er hatte Hunger vom Laufen, vom Reden, vom Draußensein.

Opa zuckte mit den Schultern, während er sich in der Küche langsam an die Arbeitsplatte lehnte.
„Na ja... ich dachte an das da."

Er öffnete den Kühlschrank, holte ein halbes Brot, ein kleines Stück Käse und eine angefangene Gurke raus.

„Das ist aber nicht gerade ein Festmahl", sagte Lukas.

„Für einen alten Mann mit langsamen Zähnen ist das ein Fünf-Gänge-Menü."

„Ich kann was kochen, wenn du willst. Rührei. Oder Nudeln. Oder... Nudeln."

Opa lachte. „Ich glaub, ich nehme heute mal weniger. Mein Magen ist momentan launisch."

Lukas sah zu, wie er sich ein halbes Brot schnitt. Dünn, vorsichtig, als könnte es kaputtgehen.
Dann belegte er es – nicht wie früher mit dicken Scheiben Wurst und Senf und Sprüchen wie *„Ein Brot muss was tragen können!"* – sondern mit einer kleinen Scheibe Käse, fast schüchtern.

„Willst du noch was dazu?" fragte Lukas.

„Nein, danke, mein Junge. Für mich reicht das vollkommen."

Lukas aß zwei Brote. Und noch einen Apfel. Und einen halben Joghurt.

Opa biss zwei Mal in sein Käsebrot, legte es dann auf den Teller zurück.

„Kein Hunger mehr?"

„Appetit ist ein Luxus", murmelte Opa und nahm einen Schluck Tee.

„Was heißt das?"

„Dass man es sich nicht immer aussuchen kann. Früher war ich ein Allesfresser. Heute bin ich ein Manchmal-Probierer."

Lukas schwieg kurz.

„Möchtest du, dass ich dir was mitbringe? Ich kann dir morgen Gummibärchen mitbringen. Oder diese Knusperkekse."

„Du meinst die, die nach nichts schmecken, aber verdammt laut knacken?"

„Genau die."

Opa lächelte. „Vielleicht. Mal sehen. Ich heb mir den Appetit auf, falls du mit mir wieder Pfannkuchen-Wettessen willst."

„Aber nur, wenn du verlierst."

„Na klar. Sonst wird's ja langweilig."

Später, als die Sonne langsam hinter dem Dach verschwand und das Licht im Wohnzimmer weich wurde, holte Opa einen alten Karton aus dem Regal.
Er war voller Fotoalben – in Leder gebunden, mit Eselsohren, und dazwischen manchmal ein vergessenes Bonbonpapier oder ein getrocknetes Kleeblatt.

„Wollen wir gucken?" fragte er.

Lukas nickte sofort. „Ich will das mit der Schnee-Nase sehen!"

„Ah ja, die Schneenase. Legendär."

Sie setzten sich aufs Sofa, Dame sprang daneben und rollte sich ein, als hätte sie diesen Moment fest im Tagesplan.
Opa blätterte vorsichtig, seine Finger ruhten manchmal länger auf einem Bild, als müsste er etwas zurückholen, das irgendwo zwischen den Seiten stecken geblieben war.

„Hier, guck", sagte er. „Das war an meinem dreißigsten Geburtstag. Der Tag, an dem der Kuchen umgefallen ist, bevor ich ihn anschneiden konnte."

„Wer hat den umgeworfen?"

„Du darfst raten."

„Du?"

„Klar. Ich hab' getanzt."

Lukas lachte. „Mit dem Kuchen?"

„Unfreiwillig."

Sie blätterten weiter.
Winterfotos, alte Fahrräder, Zelturlaube, ein seltsamer Haarschnitt in den Achtzigern.

Dann zeigte Opa auf ein Bild.

„Das war... das war..."
Er runzelte die Stirn.
Sein Finger blieb auf dem Foto.
Zwei Erwachsene, ein Kind in der Mitte, auf einer Wiese.

„Wie heißt sie nochmal...?"

Lukas beugte sich vor.
„Das ist Tante Rosi."

Opa blinzelte. „Natürlich. Rosi. Wie konnte ich das..." Er lächelte, aber es war ein schieferes Lächeln als sonst.
„Manchmal hüpfen die Namen einfach weg. Wie Frösche."

„Aber sie kommen wieder, oder?"

„Meistens. Aber manchmal lassen sie sich Zeit."

Lukas sagte nichts.
Er blätterte weiter. Zeigte auf ein Bild von sich selbst mit Schokoeis im Gesicht.

„Und das bin ich. Der Junge mit dem weltberühmten Schokobart."

Opa grinste. „Der ist mir sofort eingefallen."

Sie lachten.
Aber irgendwo zwischen den Seiten lag jetzt ein Gefühl, das anders war.
Nicht schlimm. Nicht laut. Nur... neu.

Es war schon dunkel draußen, aber sie saßen noch immer auf dem Sofa.
Dame schnurrte leise vor sich hin, eingerollt wie ein Fragezeichen mit Fell.
Das Fotoalbum lag geschlossen auf dem Tisch, als hätte es sich für heute genug erinnert.

Opa sah zum Fenster.
Der Himmel war klar. Sterne funkelten – nicht viele, aber genug, um zu staunen.

„Siehst du den da oben?" fragte er und deutete auf einen besonders hellen Punkt.

„Der ist groß", sagte Lukas. „Ist das ein Stern oder ein Planet?"

„Wahrscheinlich ein Planet. Aber weißt du – manchmal glaube ich, das sind kleine Fenster."

„Fenster?"

„Ja. Und dahinter sitzen alle, die mal hier waren. Die schauen runter. Nicht immer. Nur manchmal. Wenn man sie vermisst."

Lukas legte den Kopf schief. „Glaubst du, dass man da oben hingeht? Wenn man stirbt?"

Opa antwortete nicht sofort.
Er lehnte sich zurück, faltete die Hände auf dem Bauch, sah lange nach draußen.

Dann sagte er ganz ruhig, fast wie ein Lied:
„Ich glaube, man fliegt nicht weg. Man fällt ins Licht."

Lukas blinzelte.
„Wie... wenn man springt?"

„Nein. Nicht springen. Es ist eher wie... wenn man loslässt. Und dann wird alles warm. Hell. Leicht."

„Und dann?"

„Dann wird man Teil davon. Von dem Licht. Vom Himmel. Von allem, was still ist und gut."

Lukas schwieg.

Er dachte nicht darüber nach, ob das stimmte.

Er wollte nur, dass es wahr genug war, um sich daran festzuhalten.

„Und was, wenn ich dich dann nicht mehr sehe?"

Opa sah ihn an, mit diesem einen Blick, den nur Großväter haben.
„Dann schau einfach dahin, wo's am hellsten ist."

Dame streckte sich im Schlaf.

Der Wind rauschte leise durch die Blätter draußen.

Und irgendwo zwischen Erde und Sternen war es, als würde für einen winzigen Moment alles leuchten.

Opa wird schwächer

Es war Sonntagmorgen, der Himmel milchig und weich, als hätte jemand vergessen, ihn richtig zu färben.
Lukas war schon wach, schlich barfuß durch den Flur und linste in die Küche.

Die Teekanne dampfte, die Butter stand auf dem Tisch, aber Opa war nicht zu sehen.

Er ging ins Wohnzimmer – und da saß er.
Im Sessel.
Wie immer.
Und doch ganz anders.

Opa hatte die Augen geschlossen, die Hand lag locker auf der Sessellehne, der Mund ein kleines Stück offen.
Er atmete ruhig – aber schwer.
Nicht laut, nicht besorgniserregend.
Aber anders.

„Opa?" flüsterte Lukas.

Opa öffnete die Augen. Langsam.
Er brauchte einen Moment, um sich zu sammeln, dann lächelte er.
„Da bist du ja. Ich hab' wohl kurz... Pause gemacht."

Lukas trat näher. „Willst du frühstücken?"

„Gleich. Ich... muss mich nur eben hochschieben."

Er griff nach den Sessellehnen, spannte den Körper an – und kam nicht hoch.

Er versuchte es noch einmal.
Ein kleines Keuchen. Dann ein Zittern.
Die Arme wollten. Aber der Rücken... konnte nicht.

Lukas erstarrte.
Er hatte Opa noch nie so gesehen.
Nicht wie jemanden, der krank war.
Sondern wie jemanden, der etwas verloren hatte – ganz langsam, ohne es selbst zu merken.

„Warte", sagte Lukas leise. Und ohne zu zögern, stellte er sich neben ihn, reichte die Hand.
Klein.
Dünn.
Aber fest.

Opa zögerte kurz. Dann nahm er sie.
Seine Hand war warm, schwer. Und ein bisschen feucht.

Mit einem Ruck, der fast zu groß war für den Moment, kam er hoch. Stellte sich auf die Beine, schnaufte.

„Danke", sagte er. „Ich glaub, du bist jetzt mein neuer Motor."

Lukas versuchte zu lächeln.
Es gelang ihm nicht ganz.

Sie gingen gemeinsam in die Küche.
Langsam.
Ganz langsam.

Und Lukas wusste:
Etwas hatte sich verändert. Für immer.

Der nächste Tag war grau. Kein Regen, aber der Himmel sah aus wie ein alter, verwaschener Pullover.

Lukas spielte auf dem Wohnzimmerteppich mit einer Handvoll Legosteinen, ohne richtig zu bauen.
Er hörte, wie Mama und Papa sich im Flur unterhielten.

Leise.
Nicht flüsternd – aber auf eine Weise, die nach „nicht für Kinderohren" klang.

„Ich bring ihn hin", sagte Papa.
„Ich komm mit", antwortete Mama. „Ich will hören, was der Arzt diesmal sagt."

„Und Lukas?"

„Er bleibt hier. Ich sag ihm, es ist nur Kontrolle."

Lukas hielt den Atem an. Nur für einen Moment.
Dann machte er ein Klickgeräusch mit dem Legostein, als hätte er nichts gehört.

Die Tür zum Wohnzimmer ging auf. Mama steckte den Kopf hinein.

„Wir fahren kurz mit Opa zum Arzt, ja? Nur ein Routinebesuch. Wir sind bald wieder da."

Lukas nickte.
„Ist was passiert?" fragte er trotzdem.

„Nein, nein", sagte sie schnell. Zu schnell.
Dann lächelte sie.
Aber es war das Lächeln, das nicht bei den Augen ankam.

„Magst du Dame füttern? Sie tut so, als hätte sie seit zwei Wochen nichts bekommen."

Lukas nickte wieder.
„Mach ich."

Die Haustür ging. Dann war es still.

Nur der Kühlschrank summte.
Und Dame saß im Türrahmen, sah ihn an wie jemand, der längst wusste, dass heute kein normaler Tag war.

Er streichelte sie. Sie ließ es zu, aber blieb still. Keine Schnurrgeräusche, kein Genörgel.

Routinebesuch.
Das war ein Wort, das beruhigen sollte.
Aber es schmeckte komisch.
Wie Tee mit Salz.

Es war später Nachmittag, als das Auto wieder in die Einfahrt rollte. Lukas hatte schon am Ton des Motors erkannt, dass es zurückkam. Er stand am Fenster, Dame neben ihm auf der Fensterbank – beide mit gespitzten Ohren wie kleine Detektive.

Mama stieg aus. Dann Papa. Dann – langsam, sehr langsam – Opa. Er stützte sich auf den Türrahmen, bevor er losging.

Lukas konnte nicht genau sagen, was ihn mehr erschreckte:
Dass Opa so blass war –
oder dass er so still wirkte.

Er lief zur Tür, als würde es helfen, früher zu sein.
„Opa! Wie war's beim Arzt?"

Opa sah ihn an – und da war es:
Dieses Funkeln.
Noch da. Nur ein bisschen müder.

„Ach, der Arzt hat gesagt, ich sei ein medizinisches Wunder."

„Echt jetzt?"

„Ja. Ich bin ein Rätsel mit Bart."

Lukas lachte kurz. Er konnte nicht anders.
Dann kam Opa ganz nah, beugte sich ein bisschen runter – nicht viel, gerade so weit, dass er mit gespieltem Ernst sagte:

„Ich hab' ihm gesagt, ich werde alt wie ein Wald."

„Wie ein Baum?"

„Nee. Wie **alle** Bäume. Zusammen."

„Dann musst du aber langsam wachsen."

„Ich bin schon im Wurzel-Modus. Keine schnellen Bewegungen, aber sehr tief drin."

Mama schüttelte den Kopf und ging Richtung Küche. „Er hat den Arzt um den Verstand geredet. Mindestens."

„Der war froh, als ich wieder ging", meinte Opa und tippte sich an die Stirn.
„Hier oben ist Chaos. Aber sympathisch."

Lukas sah ihm hinterher, als er zum Sofa ging.
Sein Gang war unsicher. Jeder Schritt wie auf weichem Boden.
Aber Opa tat so, als balanciere er auf einem Seil und rief:

„Trommelwirbel! Der alte Herr betritt die Arena!"

„Halt dich lieber fest, du Seiltänzer", rief Lukas zurück.

Opa ließ sich mit einem Seufzer aufs Sofa sinken.
„Ich sag's dir, Junge: Das Aufstehen ist schwer. Aber das Hinsetzen ist inzwischen ein Abenteuer."

Dame sprang auf seinen Schoß.
Er streichelte sie mit zittriger Hand.

„Immerhin bist du noch im Team Opa, was?"

Dame blinzelte.
Und dann – ganz leise – fing sie an zu schnurren.

Lukas wollte etwas trinken und war auf dem Weg in die Küche, als er sie hörte.
Er war barfuß, der Boden unter seinen Füßen kühl.

Eigentlich wollte er nur ein Glas Wasser holen. Vielleicht auch zwei Kekse.

Aber noch bevor er um die Ecke bog, hörte er Mamas Stimme.
Leise.
Nicht flüsternd – aber auf eine Weise, die sagte: „Das soll er lieber nicht hören."

„Ich hab' mit dem Arzt telefoniert", sagte sie.
Kurze Pause. Dann:
„Es geht schneller, als wir dachten."

Lukas blieb stehen.

Nicht aus Neugier.
Nicht zum Lauschen.

Sondern, weil der Satz wie ein unsichtbarer Stein im Flur lag, über den man nicht einfach hinweggehen konnte.

„Wir müssen bald Entscheidungen treffen", sagte Mama weiter.
Ihre Stimme war ruhig.
Aber sie klang wie jemand, der versuchte, nicht zu weinen.

Papas Antwort verstand Lukas nicht. Nur ein leises „Hm", ein tiefes Einatmen.

Lukas trat leise einen Schritt zurück.
Nicht weil er Angst hatte – sondern, weil er plötzlich wusste:
Manchmal ist man lieber unsichtbar.

Er ging nicht in die Küche.
Er ging zurück in sein Zimmer.
Setzte sich ans Fenster.

Draußen war der Himmel grau, als hätte jemand das Blau vergessen. Und irgendwo hinter dem Haus hörte man einen Vogel, der ganz allein rief.

Lukas dachte an Opas Hände.
An den Spazierstock.
An das Käsebrot mit nur einem Biss.
An das Sofa.

Und an den Satz.
„Es geht schneller, als wir dachten."

Er sagte ihn nicht laut.
Aber er klang trotzdem.
Immer wieder.
Ganz leise.
Wie eine Uhr ohne Zeiger.

Es war Abend.

Draußen brannte der Himmel in sanften Orangetönen, als hätte jemand versucht, einen Sonnenuntergang zu malen, aber die Farben sanft vermischt.

Lukas saß neben Opa auf dem Sofa.
Keine Musik. Kein Fernseher. Nur das leichte Ticken der Wanduhr.
Dame lag auf dem Rücken, alle viere in die Luft gestreckt, als wäre alles in bester Ordnung.

Opa sagte nichts.
Lukas auch nicht.
Aber zwischen ihnen war kein Schweigen, sondern etwas anderes.
Etwas Ruhiges.
Etwas Ganzes.

Dann griff Opa nach seiner Hand.
Langsam.
Bedacht.
Seine Finger waren warm, aber schwach.
Und sie zitterten leicht.

Lukas schaute zu ihm hoch.

Opa lächelte.
Nicht groß.
Nicht stark.
Aber ehrlich.

„Ich bin noch da, Luki", sagte er leise.
„Aber ich muss langsam packen."

Lukas schluckte.
Nicht aus Schreck –
sondern weil sein Herz für einen Moment zu eng geworden war.

„Wie… Koffer packen?"

Opa nickte.
„So ungefähr. Aber ohne Socken. Und ohne Zahnbürste. Nur mit dem, was man wirklich braucht."

„Was ist das?"

„Erinnerungen. Wärme. Liebe. Dein Lachen. Die Geschichten. Und Dame natürlich, falls sie sich heimlich in den Rucksack schmuggelt."

Lukas versuchte zu lächeln.
Es war kein richtiges Lächeln.
Aber es war echt.

„Musst du bald los?"

Opa schaute hinaus in den Abendhimmel.
Dann sagte er:
„Noch nicht. Aber ich spür, dass der Zug irgendwann einfährt. Und weißt du was?"

„Was?"

„Ich glaub, er hat Fenster. Und man kann winken."

Und obwohl kein Abschied fiel – war er irgendwie schon ein kleines Stück da.

Aber freundlich.

Wie ein Gast, der vor der Tür wartet und weiß, dass drinnen gerade noch gelacht wird.

Die Zeit wird kostbar

Der kurze Besuch bei Opa war vorbei und Lukas war wieder mit seinen Eltern zuhause.

Lukas merkte schon beim Aufwachen, dass irgendetwas in der Luft lag.
Nicht wie Weihnachten. Nicht wie Geburtstag.
Aber auch nicht wie ein ganz normaler Dienstag.

Am Küchentisch saß Mama mit einem Becher Tee, beide Hände darum geschlungen, als müsste sie sich Mut daraus holen.

„Luki, hast du kurz Zeit?"

„Klar", sagte Lukas, obwohl er innerlich sofort wusste: Es geht um Opa.

Mama schob den Tee beiseite.
„Wir haben mit Opa gesprochen. Und mit dem Arzt. Und... wir haben eine Entscheidung getroffen."

Lukas hielt den Löffel mitten im Joghurt an.
„Was für eine?"

Mama lächelte, aber es war dieses ganz bestimmte Lächeln – das, das nicht nur glücklich war, sondern auch ein bisschen vorsichtig.

„Opa kommt zu uns. Für länger. Er zieht in unser Gästezimmer. Wir wollen, dass er nicht allein ist. Und wir wollen für ihn da sein."

Lukas sagte nichts. Noch nicht.
Er wusste nicht, ob er sich freuen sollte. Oder sich sorgen.
Oder beides.

„Ist das gut?" fragte er.

„Ja", sagte Mama. „Ich glaube, das ist sehr gut."
Dann fügte sie leiser hinzu:
„Auch wenn es nicht immer einfach wird."

„Kommt Dame mit?" fragte er.

„Ja klar", sagte Mama. „Sie gehört zu Opa... und zu uns."

Noch am selben Vormittag begannen sie mit dem Aufräumen.
Das Gästezimmer war sonst nur für Besuch oder für Wäsche, die
noch kein Zuhause hatte.

Jetzt wurde es wichtig. Jetzt wurde es Opas Zimmer.

Lukas durfte das Regal umräumen. Er stellte alle Bücher in eine
Reihe – alte, neue, dicke, dünne.
Dann holte er aus seiner Schublade eine Taschenlampe. Die mit
dem grünen Licht.
Er legte sie auf das Nachtkästchen.

„Falls er nachts in den Himmel schauen will", murmelte er.

Mama hängte saubere Vorhänge auf.
Papa schraubte das Bett höher, „damit Opa leichter aufstehen
kann".

Lukas stellte einen kleinen Zettel auf das Fensterbrett:
„Herzlich willkommen. Hier wohnt ab heute mein Opa."

Am Nachmittag saß er auf dem Boden, mitten im halbfertigen Zimmer, und starrte auf den leeren Stuhl.

Er dachte an das Haus mit dem Garten.
An den Tomatenstrauch.
An die Säge, die so schwer war.

Wird es hier genauso schön für Opa?
Wird er sich wohlfühlen? Oder fühlt es sich für ihn wie Abschied an?

Lukas legte sich auf den Teppich und schloss für einen Moment die Augen.

Er wünschte sich, Opa würde einfach schon da sein.

Und gleichzeitig wünschte er sich, er müsste nie umziehen.

Nie krank sein. Nie gehen.

Gegen Abend hörte er das Auto.

Es war nicht der Motor – es war das Gefühl, das ihn aufspringen ließ.

Er lief zur Tür.

Mama war schon da.

Papa half Opa aus dem Wagen. Langsam. Mit vielen Griffen, kurzen Pausen.

Opa trug eine Mütze, die er sonst nie aufhatte.

Seine Tasche war klein.

Sein Blick?

Müde.

Aber warm.

Lukas öffnete die Tür ganz weit.

Opa blieb kurz auf der Türschwelle stehen.

„Na, mein Junge", sagte er leise. „Ab heute bin ich offiziell dein Mitbewohner."

„Du kriegst das große Zimmer", sagte Lukas. „Mit Bücherregal und Fensterblick."

„Und was kriegst du?"

„Dich."

Opa lächelte.

Nicht groß. Aber genug.

Dame saß schon im Flur.
Sie sah ihn an wie jemand, die mit allem einverstanden war – solange ihr Lieblingsmensch in der Nähe war.

Als Opa zum ersten Mal in seinem neuen Zimmer saß, sagte er:
„Sieht fast aus wie mein altes. Nur mit euch drumherum."

Und Lukas spürte:
Es war nicht das gleiche Haus.
Aber es war jetzt der richtige Ort.

Das Haus war stiller als sonst.
Nicht, weil niemand sprach – sondern weil alle irgendwie leiser redeten, bedachter gingen, langsamer atmeten.

Opa saß auf seinem neuen Bett.
Die Matratze war weich, das Kissen roch nach Lavendel.
Auf dem Nachttisch stand ein Glas Wasser, die grüne Taschenlampe, und ein kleiner Zettel mit Lukas' Handschrift:
„Falls du nachts ein Abenteuer brauchst."

Seine Tasche lag noch ungeöffnet neben dem Schrank.
Opa hatte sie mitgebracht, aber viel war nicht drin.
„Man nimmt weniger mit, wenn man weiß, was man loslassen muss", hatte er gesagt.

Lukas stand in der Tür.
Nicht im Weg – aber bereit.
„Willst du was trinken?"

Opa schüttelte den Kopf.
„Ich trink später. Ich will erst mal... hier sein."

Er sah sich um.
Die weißen Wände. Der Sessel unter dem Fenster. Der Bücherstapel.

Sein Blick blieb am Regal hängen, wo Lukas eines seiner alten Foto-alben aufgestellt hatte.
Daneben stand ein Glas mit ein paar Bonbons. Die, die Opa immer „Zungenschmeichler" nannte.

„Sieht fast gemütlich aus", murmelte er. „Fehlt nur noch ein biss-chen Unordnung."

„Dame sorgt dafür", sagte Lukas. „Sie hat schon ein Kissen be-schnuppert."

Fast auf Stichwort erschien sie im Türrahmen.
Elegant, wie immer, und ohne jede Eile.
Sie musterte den Raum wie eine Königin ihr neues Reich – dann ging sie zum Bett, sprang hinauf, und lief einmal um Opas Beine herum.

Opa sah sie an, rührte sich nicht.
„Na, meine Dame. Gibst du dem Ort deinen Segen?"

Die Antwort war ein Schnurren. Kurz, aber deutlich.
Dann ließ sie sich am Fußende nieder – halb auf der Decke, halb auf Opas Hand.

„Na also", sagte Opa. „Jetzt ist es offiziell."

Lukas setzte sich auf den Stuhl am Fenster.
„Ist es komisch, jetzt hier zu wohnen?"

Opa dachte kurz nach.
„Komisch nicht. Nur neu.
Ich bin müde, klar. Aber ich bin froh, dass ich jetzt hier bin."

Er sah ihn an.
Und obwohl seine Augen tiefe Ränder trugen, war da dieser eine Blick – dieser echte Opa-Blick.
Der, der sagte: *Ich sehe dich. Ich meine das ernst.*

Lukas nickte.
Dann sagte er leise:
„Ich freu mich, dass du hier bist."

Opa lehnte sich zurück, schloss kurz die Augen, atmete tief ein.
Dame schnurrte weiter, wie ein kleines, lebendiges Versprechen.

„Ich auch, mein Junge. Ich hab's nur leiser dabei."

In den nächsten Tagen veränderte sich das Haus.
Nicht plötzlich. Nicht mit lautem Krach.
Sondern Stück für Stück.
Wie Wasser, das langsam einen neuen Weg findet.

Zuerst kam das Pflegebett.
Es wurde von zwei fremden Männern gebracht, in Kisten, die nach
Metall und Gummi rochen.
Sie schraubten, rollten, hoben.
Das alte Gästebett wurde abgebaut, still zur Seite gestellt, als
würde es verstehen, dass seine Zeit vorbei war.

Lukas stand in der Tür, Dame neben ihm.
„Ist das wie ein Krankenhausbett?" flüsterte er.

Mama nickte.
„Ein bisschen. Aber es gehört jetzt zu Opa. Nicht zum Kranken-
haus."

Als die Männer gegangen waren, stand das neue Bett da – groß,
mit Rädern, verstellbar.
Es summte leise, wenn man auf den Knopf drückte.
Opa sagte später:
„Ich fühl mich wie in einem Raumschiff."

Lukas grinste.
„Dann bist du jetzt Captain."

„Und du mein Funkoffizier."

Auf dem Nachttisch standen plötzlich neue Dinge.
Keine Bonbons mehr, sondern kleine weiße Dosen, bunte Tabletten in winzigen Schächtelchen, eine Uhr mit Weckerfunktion.
Mama schrieb einen Plan, klebte ihn an den Schrank.
„Morgens um acht, mittags um zwölf, abends um sechs", murmelte sie.

Lukas beobachtete.
Nicht aus Angst.
Eher, weil er sich merken wollte, was wichtig war.

Papa baute einen kleinen Rolltisch, damit Opa im Bett essen konnte.
Er stellte ein zweites Glas Wasser hin. Und ein Klingelknöpfchen.
„Falls du uns brauchst."

Opa sah es an und sagte:
„Ich klingel nur, wenn ich euch vermisse."

Das Haus roch jetzt öfter nach Tee und Salbe.
Mama telefonierte mit Ärzten, bestellte Medikamente, sprach mit einer Frau von einem Pflegedienst, die bald einmal die Woche kommen würde.

Lukas bekam das Gästehandy – „für Notfälle".
Er trug es in der Hosentasche, auch wenn es fast zu groß war.
Manchmal drückte er es einfach nur fest – so, als würde es ihm helfen, stark zu bleiben.

Und trotzdem:
Zwischen all dem Neuen, all dem Ungewohnten, passierte etwas Unerwartetes.
Etwas Gutes.

Der Alltag bekam andere Farben.
Langsamere Töne.
Aber auch hellere.

Opa saß oft im Bett, Dame auf dem Schoß, und erzählte Geschichten, die mehr Lücken hatten als früher – aber Lukas füllte sie auf, mit Worten, Lachen, Fantasie.

Und als Opa ihn eines Morgens ansah und sagte:
„Na, Funkoffizier, wie ist die Lage an Deck?"
antwortete Lukas ohne Zögern:
„Ruhig. Aber mit Rückenwind."

Hände, die mehr geben als Tabletten

Die Sonne stand schräg im Fenster, warm und weich wie ein leichtes Kissen aus Licht.

Lukas kam leise ins Zimmer, in der Hand ein Tablett. Darauf standen eine Tasse Tee, eine kleine Schüssel Grießbrei, und ein Löffel, der ein bisschen zu groß für die Schüssel war.

Dame folgte ihm auf Samtpfoten, sprang aufs Bett, als wäre es schon immer ihr Platz gewesen.

„Lieferdienst Lukas, Spezialmenü für Stammgast Opa", sagte er und stellte das Tablett vorsichtig auf den kleinen Rolltisch.

Opa richtete sich auf. Es ging langsam. Alles ging jetzt langsam.
Aber sein Blick war wach – und freundlich wie immer.

„Was gibt's heute?"

„Goldener Grießbrei mit Zimtstaub und einem Hauch von Apfel."

„Klingt wie ein Zaubertrank."

„Ist auch einer. Gegen Müdigkeit. Und schlechte Laune."

Opa nahm den Löffel, drehte ihn in der Hand.
„Du bist gut in sowas. Ich glaub, du wärst ein hervorragender Koch... oder Geschichtenerzähler... oder beides."

Lukas setzte sich auf den Hocker am Bett.
„Willst du wissen, was in der Schule los war?"

„Nur, wenn es spannend ist."

„Tim hat seine Brotdose aufgemacht, und drin war ein ganzer, ungeschälter Kohlrabi."

„Das ist entweder ein sehr gesunder oder ein sehr verzweifelter Mensch."

Lukas grinste.
„Und Anna hat beim Sport so doll gelacht, dass sie gegen die Wand gelaufen ist."

„Sport ist gefährlich. Sag ich schon immer."

Opa aß langsam. Manchmal brauchte er eine kleine Pause zwischen zwei Löffeln.

Lukas wartete. Er drängte nicht.
Er wusste jetzt: Zeit war nicht nur das, was in Stunden gemessen wurde.
Zeit war auch: Stillsitzen. Zuhören. Da sein.

„Und du?", fragte Lukas.
„Was hast du heute gemacht?"

„Ich hab' die Tapete gezählt. Ich glaube, es sind zwölf Muster, die sich ständig wiederholen."

„Das klingt anstrengend."

„Naja", sagte Opa und lehnte sich zurück, „man muss sich ja fit halten."

Sie lachten beide.
Und für einen Moment war alles wie früher.

Nur ein bisschen leiser.
Ein bisschen wärmer.

Als Opa die letzte Löffelspitze vom Grießbrei nahm, sagte er:
„Besser als jeder Zaubertrank. Und ohne Nebenwirkungen."

Lukas nickte. Und dachte:
Ich kann helfen. Nicht bei allem. Aber bei dem, was zählt.

Der Tag war lang gewesen.
Nicht laut. Nicht aufregend. Aber voll.

Mit Pflegetermin, Medikamenten, Tee, leisen Gesprächen und vielen Momenten, in denen niemand etwas sagte – aber alles fühlte.

Am Abend half Lukas, Opas Bett ein kleines Stück näher ans Fenster zu schieben.
Nicht viel – gerade so weit, dass man den Himmel sehen konnte, ohne den Kopf zu drehen.

„So", sagte Lukas zufrieden, „jetzt kannst du die Sterne sehen, wenn du nicht schlafen kannst."

Opa nickte.
„Oder sie beobachten mich, damit ich nicht schnarche."

„Du schnarchst sowieso nicht."

„Sagt der Junge, der schläft wie ein umgekippter Baumstamm."

Dame hatte sich schon am Fußende zusammengerollt und hob nur ein Ohr, als hätte sie beide insgeheim längst zum Schweigen aufgefordert.

Mama kam noch einmal zur Tür.
„Wie geht's unserem Patienten?"

Opa hob mühsam die Hand und sagte feierlich:
„Ich bin euer bester Patient!"

„Du bist auch unser einziger", sagte Lukas trocken.

„Dann ist die Statistik eindeutig."

Mama schmunzelte, trat näher, deckte Opa ein Stück höher zu.
„Möchtest du noch was?"

„Nur, dass mein Zimmer morgen früh nicht wegläuft."

„Versprochen."

Sie ging. Die Tür blieb einen Spalt offen.

Opa seufzte. Nicht schwer. Eher wie jemand, der sein Gewicht kurz ablegt.
Dann sah er zu Lukas, der noch immer auf dem Stuhl saß.

„Ich hab' heute viel geschafft. Ich hab' geatmet. Gegessen. Gelächelt. Und nicht einmal genörgelt."

„Du bist ein Rekordpatient."

„Und du bist ein verdammt guter Pfleger. Du solltest das beruflich machen."

Lukas schüttelte den Kopf. „Nur bei dir."

Opa sah wieder zum Fenster.
„Ist gut, dass ich jetzt hier bin."

Lukas nickte.
„Ich weiß."

Ein paar Sterne blinkten draußen.
Dame schnurrte.
Und das Haus war still. Aber nicht mehr schwer.

Nur voller Zeit.

Echter, kostbarer Zeit.

Der neue Alltag mit Opa

Es war wie ein Ritual geworden.
Kaum war Lukas aus der Schule zurück, hatte seinen Ranzen halb im Flur abgelegt, die Schuhe quer irgendwo vor der Tür – schon stand er vor dem Gästezimmer.
Vor Opas Zimmer.

Er klopfte nicht.
Er klopfte nie.

Opa hatte gesagt:
„Du brauchst nicht klopfen. Das hier ist dein Platz genauso wie meiner."

Heute war es wieder so weit.
Draußen regnete es leise, aber das war egal.
Drinnen war das Licht warm, das Bett ordentlich, Dame zusammengerollt auf einem Kissen am Fußende, und Opa mit seinem leisen Lächeln.

„Na, mein Junge. Schule überlebt?"

„Gerade so", sagte Lukas, warf sich in den Sessel und pustete die Haare aus der Stirn.
„Hausaufgaben sind Folter. Ich bin mir sicher."

„Ich kenn da schlimmere Folter. Zum Beispiel Rosenkohl."

„Habe ich heute auch gegessen."

„Dann bist du eindeutig tapferer als ich."

Opa lag halb aufgerichtet im Pflegebett, eine Decke über den Beinen, das Kissen im Rücken.
Die Hände lagen ruhig, aber dünner als noch vor ein paar Wochen.
Lukas sah das – aber er dachte nicht darüber nach.

Er wollte es nicht festhalten.
Nur da sein.

Er erzählte Opa von seinem Tag.
Von Mathe („grauenhaft"), vom Pausenbrottausch („Tim hat mir ein Brot mit Salat verkauft – gegen zwei Schokoriegel!"), und dass die Lehrerin wieder dieses Ding gesagt hatte:
„Lukas, du bist oft woanders mit deinen Gedanken."

„Dann weiß sie wenigstens, dass du denken kannst", meinte Opa.

„Wohin denkst du, wenn du woanders bist?" fragte Lukas.

Opa schloss für einen Moment die Augen.
„Früher in ferne Länder. Heute meistens zu euch ins Wohnzimmer. Und manchmal... dahin, wo die Sonne herkommt."

Lukas verstand nicht alles.
Aber er spürte, dass die Antwort nicht erfunden war.

Er blieb. Wie jeden Tag.
Bis zum Abendbrot.
Bis die Decke ein Stück höher gezogen wurde.

Bis Opa sagte:
„So. Genug erzählt. Morgen will ich neue Abenteuer hören."

„Ich sammle welche. Für dich."

„Dann bring auch was Süßes mit."

„Ich kann Tim fragen. Der hat immer Reserve-Schokolade."

„Ein Held. Du bist gut vernetzt."

Dame schnurrte leise, ohne die Augen zu öffnen.
Und draußen regnete es weiter – still, weich, als würde auch der Himmel zuhören.

Es war Mittwoch.
Regen prasselte leise gegen das Fenster, und drinnen war es so still,
dass man jede Bewegung von Dame hören konnte, wenn sie sich
streckte oder mit dem Schwanz zuckte.

Lukas saß auf seinem gewohnten Platz – dem alten Ohrensessel,
der ein bisschen zu weich war und nach Vanillekeksen roch, obwohl niemand sagen konnte, warum.

Opa lag im Bett. Die Decke war bis zur Brust gezogen, und seine
Hände lagen übereinander gefaltet – wie zwei alte Bücher, die man
nicht mehr umblättern muss, um zu wissen, was drinsteht.

„Wir haben heute über Planeten gesprochen", sagte Lukas.
„In Sachkunde. Ich wusste schon fast alles, weil du mir das alles
schon mal erzählt hast. Über den Mars, und dass die Venus eine
Diva ist, und dass der Saturn einen Hula-Hoop-Reifen hat."

Opa schmunzelte.
„Dann hab' ich dir also den Lehrstoff vorgekaut?"

„Ja, das hast du", sagte Lukas. „Aber viel besser."

Er redete weiter.
Von einem Traum, den er letzte Nacht hatte, in dem er durch einen
Tunnel voller Glühwürmchen gerannt war.
Von der Idee, später einmal Erfinder zu werden – oder Schriftstel-
ler. Oder beides.

„Dann bau ich Maschinen, die Geschichten schreiben."

„Hoffentlich keine, die besser schreiben als du selbst", murmelte
Opa.

Lukas erzählte auch von nichts – vom Schulweg, der immer zu kurz
war, um die richtige Musik zu hören.
Vom Lehrer, der beim Reden immer „also" sagte.
Von Anna, die ihm einen Stern aus Papier geschenkt hatte.

„Vielleicht liebt sie dich", sagte Opa.

„Quatsch. Sie hasst Mathe. Und ich auch."

„Gemeinsame Feinde verbinden."

Lukas grinste. Und redete weiter.
Er merkte nicht, wie viel Zeit verging.
Aber irgendwann wurde es still.

Opa hatte die Augen halb geschlossen. Nicht ganz.
Aber genug, dass er mehr zuhörte mit dem Herz als mit den Ohren.

Dann sagte er – ganz ruhig:
„Du denkst in Farben. Und du erzählst, als wäre die Welt aus Geschichten gemacht. Bewahre dir das. Das ist selten."

Lukas sah ihn lange an.
Er sagte nichts.

Denn irgendwie wusste er:
Das war einer dieser Sätze, die man nur einmal hört – und nie wieder vergisst.

Wenn Stille etwas erzählt

An einem dieser Nachmittage kam Lukas ins Zimmer, wie immer.
Er hatte ein Buch dabei. Und eine Schokowaffel.
Aber als er die Tür öffnete, sagte er nichts.

Opa saß halb aufgerichtet im Bett, die Decke glatt über die Beine
gelegt. Er schaute aus dem Fenster.

Sein Blick ging nicht zu einem bestimmten Punkt – er ging einfach...
weiter.

Dame lag auf der Fensterbank.
Ihr Schwanz zuckte leicht.
Auch sie war still.

Lukas setzte sich in den Sessel, legte das Buch auf die Armlehne.
Er hätte etwas sagen können.
Von der Schule. Vom seltsamen Regenwetter. Vom Witz, den Max
erzählt hatte.

Aber irgendetwas hielt ihn zurück.
Nicht, weil er sich fürchtete.
Nicht, weil es komisch war.
Sondern, weil es sich anfühlte, als müsste man diesen Moment in
Ruhe lassen.

So, wie man einen schlafenden Vogel nicht weckt.
Oder wie man nicht laut redet, wenn draußen Schnee fällt.

Es war eine Stille, die nicht leer war.
Sie war voll von Dingen, die man nicht in Worte packen konnte.
Wie Fotos, die man nur mit dem Herzen sieht.

Opa bewegte sich kaum.
Nur seine Augen.
Manchmal ein winziges Zucken im Mundwinkel.
Als würde er etwas sehen, das niemand sonst sehen konnte.

Lukas folgte seinem Blick.
Draußen war nur der Garten, der sich langsam in den Herbst
schlich.
Ein paar Blätter tanzten im Wind.
Ein Ast schwang sacht im Takt eines Liedes, das man nicht hörte.

„Denkst du gerade an was Bestimmtes?", fragte Lukas leise.

Opa blinzelte.
Dann drehte er langsam den Kopf.
„Ich glaub, ich denk einfach nur."

„An früher?"

„An alles. Früher, später, jetzt."
Kurze Pause.

Dann:
„Manchmal ist der Blick nach draußen einfacher als der nach innen."

Lukas nickte.
Er verstand nicht alles.
Aber genug, um ruhig zu bleiben.
Und einfach da zu sein.

Sie sagten nichts mehr.
Eine halbe Stunde lang. Vielleicht länger.
Nur der Regen klopfte leicht gegen die Scheibe.
Dame schnurrte.

Und Lukas wusste:
Das hier war auch ein Gespräch.
Nur eben still.

Die Frage, die man nur einmal stellt

Es war einer dieser Nachmittage, an denen der Himmel grau war –
aber nicht traurig.
Eher weich.
Wie eine große Decke, unter der die Welt ein bisschen langsamer
wurde.

Lukas saß wie immer bei Opa.
Sie hatten nichts Besonderes gemacht.
Ein paar Sätze gewechselt. Einen Tee geteilt.
Ein paar Minuten geschwiegen.

Dann stellte Lukas die Frage.
Ganz leise.
Fast, als wäre sie aus Versehen aus seinem Mund gefallen.

„Wie ist das, wenn man stirbt?"

Er erschrak selbst ein bisschen.
Nicht, weil er Angst hatte.
Sondern weil das Wort so groß klang.
So endgültig.
So viel größer als er selbst.

Opa drehte den Kopf zu ihm.
Nicht überrascht.
Nicht erschrocken.
Nur ruhig.
Als hätte er gewusst, dass sie irgendwann kommen würde. Diese
Frage.

Er sagte nicht gleich etwas.
Sah ihn einfach nur an.
So, wie er ihn immer ansah, wenn es wirklich wichtig war.

Dann sagte er langsam:
„Das weiß ich natürlich nicht genau, Luki. Weil ich ja noch hier bin."

Kurzes Lächeln.
Kein Witz – nur ein Funke Wärme.

„Aber... ich glaube, es ist nicht so, wie in Filmen.
Nicht dramatisch. Kein Donner. Kein schwarzes Loch."

Lukas schwieg.
Er hörte zu – mit dem ganzen Körper.

„Ich glaube, sterben ist wie... loslassen.
So, wie wenn du nach einem langen Tag müde wirst. Richtig müde.

Und dann schläfst du ein.
Aber nicht schwer – sondern leicht. Als würde dich jemand tragen."

Lukas sah ihn an.
„Tut es weh?"

Opa schüttelte langsam den Kopf.
„Vielleicht ein bisschen. Aber nur kurz.
Ich glaube, der Körper macht zu. Aber das, was wichtig ist... das
wird warm. Und weich.
So, als würde man in Licht fallen."

„In Licht?"

„Ja.
Kein grelles, kaltes Licht.
Eher wie Sonnenlicht auf einer Sommerdecke.
Oder wie das Licht in deinem Zimmer, wenn du weißt: Draußen ist
es dunkel, aber hier drinnen ist alles gut."

Lukas schluckte.
Er dachte an das Fenster.
An den Garten.
An die Sterne.

„Und was passiert dann?"

Opa atmete tief ein.
„Ich glaube, dann ist man nicht weg.
Nicht ganz.
Man ist... anders da. In Gedanken. In Erinnerungen.
In deinem Lachen. In einem Geruch.
Oder in einem Satz, der plötzlich auftaucht, obwohl du ihn lange
nicht gehört hast."

Lukas sagte nichts.
Aber seine Augen wurden groß.

Nicht vor Schreck – sondern weil er versuchte, alles zu speichern.
Jedes Wort. Jeden Blick.

„Manche sagen, man geht in den Himmel", sagte Opa leise.
„Ich glaube, der Himmel ist da, wo Liebe nicht aufhört."

Es war still.
Lange.
Aber keine unangenehme Stille.

Es war eine Stille, die etwas gesagt hatte.
Mehr als viele Worte.

Lukas rückte näher.
Legte seine Hand auf Opas.

„Wenn du mal... in Licht fällst", sagte er zögernd, „kannst du dann
trotzdem noch hören, wenn ich was erzähle?"

Opa lächelte.
„Ganz sicher. Ich hör dann mit dem Herzen. So wie du jetzt."

Dame schnurrte plötzlich auf.
Nicht laut – nur gerade laut genug, dass sie beide lächelten.

Und draußen brach die Sonne ganz vorsichtig durch die Wolken.
Nur ein bisschen. Aber genug.
Genug, um den Moment golden zu machen.

Der Regenbogen und das Versprechen

Es war ein stiller, nasser Nachmittag.
Die Luft roch nach Erde und Dachrinne, und draußen klatschten
letzte Tropfen gegen die Fensterscheiben.

Lukas hatte sich mit einer Decke zu Opa ans Bett gesetzt, den Kopf
an die Kante gelehnt.

Sie sagten nicht viel.
Das war jetzt oft so.
Nicht, weil es nichts mehr zu sagen gab – sondern weil alles gesagt war, was wichtig war.

Plötzlich rief Mama vom Flur:
„Kommt schnell! Ein Regenbogen!"

Lukas war sofort auf den Beinen, rannte zum Fenster, zog den Vorhang beiseite – und da war er.

Ein ganzer Bogen aus Licht und Farben, direkt über den Häusern, so klar und hell, als hätte jemand ihn mit Wachsmalkreide an den Himmel gemalt.

„Opa! Schau!" rief Lukas, drehte sich um.

Opa war schon wach, sah zum Fenster.
Sein Gesicht hellte sich auf, ein bisschen – nicht wie früher, aber genug.

„So einen hab' ich lange nicht mehr gesehen", murmelte er.

„Ist das nicht total cool?"

„Doch", sagte Opa leise. „Und weißt du... ich glaube, Regenbögen sind Briefe. Vom Himmel an uns."

„Briefe?"

„Ja. Nur dass man sie nicht lesen muss. Man fühlt sie.
Ich glaube, wenn man stirbt – also wenn man wirklich geht – dann geht man nicht einfach *weg*.
Dann geht man... über so einen Bogen."

Lukas starrte nach draußen.
Sein Herz klopfte schneller, aber nicht aus Angst.

„Und dann?"

„Dann kommt man an.
Irgendwo, wo es leicht ist.
Wo man nicht mehr müde ist.
Wo niemand fragt, ob man gesund ist.
Da ist dann nur noch Licht. Und Farben. Und Ruhe."

Opa atmete kurz durch. Dann sah er Lukas an – direkt.

„Und wenn du irgendwann mal wieder so einen Regenbogen
siehst... dann denk an mich."

Lukas sagte nichts.
Aber er nickte. Ganz fest.
Und seine Finger schlossen sich um die kleine, abgenutzte Glücks-
münze in der Hosentasche.

„Ich werd's merken", flüsterte er.
„Immer."

Draußen verschwand der Regenbogen langsam.
Aber etwas blieb.

Nicht sichtbar.
Aber spürbar.

Wie ein Versprechen.
Still.
Und für immer.

Das erste Mal richtig Angst

Es war gegen zwei Uhr nachts, als Lukas aufwachte.
Nicht, weil ein Geräusch laut war – sondern weil es anders war.

Er konnte nicht sagen, was genau ihn geweckt hatte.
Vielleicht das Knacken im Flur.
Vielleicht ein Schatten, der durch den Türspalt fiel.
Vielleicht nur dieses Gefühl, das plötzlich da war – als hätte jemand in seinem Innern eine Saite gezupft, die nie klang, wenn alles gut war.

Er setzte sich im Bett auf.
Die Dunkelheit war weich. Vertraut.
Aber irgendetwas darin war nicht mehr wie sonst.

Er lauschte.
Dann hörte es.

Ein Geräusch.
Gedämpft.
Tief.
Ein Ton, der kein Wort war – eher ein Stöhnen.
Ein Schmerz, der sich Luft machte.

Lukas sprang aus dem Bett. Barfuß, leise, wie ein Schatten.
Er schlich auf den Flur, tastete sich an der Wand entlang.
Das Licht ließ er aus.

Vor Opas Tür blieb er stehen.
Sie war angelehnt.

Dann hörte er es wieder.
Ein leises, gepresstes Aufstöhnen.
Als würde jemand gegen etwas ankämpfen, das zu groß war.

„Opa?" flüsterte Lukas.

Keine Antwort. Nur ein weiteres, leiseres Stöhnen.

Er drückte die Tür auf.

Das Zimmer war in ein Halbdunkel getaucht.
Nur die Nachtlampe brannte – warm, gedämpft, fast tröstlich.
Opa lag im Bett, die Decke zur Seite geschoben, sein Gesicht verzogen, die Hände krampfhaft um die Bettkante gekrallt.

„Opa?!"

Opa blinzelte.
Versuchte zu lächeln.
Aber der Schmerz lag wie ein schwerer Schatten auf ihm.

„Nur... eine Welle", presste er heraus.
„Kommt... manchmal. Dann... geht sie wieder."

Lukas' Herz klopfte wild.
Nicht weil er nicht wusste, was zu tun war.
Sondern, weil er nichts tun konnte.

Er rannte zur Tür, rief nach Mama.
„Mama! Papa! Kommt! Es ist Opa!"

Die Schritte kamen schnell.
Licht wurde angeschaltet, Stimmen wurden laut – aber nicht panisch.
Eher so, wie man redet, wenn man versucht, stark zu sein, obwohl man wackelt.

Mama beugte sich über Opa, sprach leise, beruhigend.
Papa holte die Notfalltabletten.
Und Lukas stand da.
Mit klopfendem Herzen. Mit zitternden Händen.
Und mit einem Gefühl, das neu war.

Nicht wie Angst vor einem schlechten Traum.
Nicht wie Angst vor einer Mathearbeit.

Echte Angst.
Die Art, die nichts mehr fragt.
Die einfach nur da ist.

Er trat zurück.
Setzte sich auf den Boden.
Dame kam leise aus dem Nichts, strich an ihm vorbei, ließ sich neben ihm nieder.

Er vergrub die Hand in ihrem Fell.
Und flüsterte:
„Bitte nicht jetzt."

Der Arzt, der für das Ende kommt

Am Morgen war das Haus seltsam still.
Nicht die normale „alle sind müde"-Stille, sondern eine andere.
Dichter. Länger.

Lukas saß am Frühstückstisch.
Sein Brot war halb gegessen, der Kakao schon kalt.
Mama saß gegenüber, redete leise in ihr Handy, dann legte sie es ab und sah zu ihm rüber.

„Heute kommt jemand zu uns", sagte sie.
Ihre Stimme war freundlich.
Aber sie sprach, als müsste sie jedes Wort vorher kurz prüfen.

„Ein Arzt?" fragte Lukas.

Mama nickte.
„Ein besonderer Arzt. Einer, der Menschen hilft, die... nicht mehr ganz gesund werden können."

Lukas legte den Löffel weg.
Er spürte sofort: Das war anders als der Hausarzt oder der Zahn-
arzt.

„Wie... hilft der dann?"

Mama überlegte.

Dann sagte sie:
„Er kümmert sich darum, dass es Opa gut geht. Dass er nicht zu
viele Schmerzen hat. Und dass wir wissen, was wir tun können,
wenn es ihm schlechter geht."

Lukas schwieg. Das war viel.
Nicht schwer zu verstehen – aber schwer zu fühlen.

„Man nennt in Palliativmediziner", sagte Mama dann.
„Ein langes Wort, ich weiß. Es kommt von einem Wort, das ‚schüt-
zen' bedeutet."

„Also wie ein... Schirm?"

„Genau", sagte Mama leise.
„Wie ein Schirm. Nicht gegen den Regen. Sondern gegen das, was
weh tut, wenn man langsam gehen muss."

Lukas nickte.
Langsam.
Aber das Bild war gut.
Ein Arzt mit einem unsichtbaren Schirm, der sich zwischen Opa und
den Schmerz stellt.

Gegen zehn kam er.
Ein Mann mit ruhigem Gang, brauner Mantel, keine Aktentasche –
nur eine kleine Tasche und einen Blick, der alles sah, ohne alles anzuschauen.

Lukas beobachtete ihn aus dem Flur, versteckt hinter der halboffe-
nen Wohnzimmertür.

Er hörte seine Stimme – ruhig, wie ein sanfter Wind.
Er hörte, wie Mama ihn ins Gästezimmer führte.

Dann schlich Lukas leise hinterher.
Nicht weil er neugierig war – sondern, weil etwas in ihm wissen wollte, wie schlimm es wirklich war.

Durch den Türspalt sah er Opa im Bett, blass, aber wach.
Der Arzt setzte sich neben ihn, nahm sich Zeit.

Sie sprachen leise, aber Lukas hörte Fetzen:
„Nächte... unruhiger."
„Schmerzmittel... angepasst."
„Kein Kampf. Nur Begleitung."

Da war es wieder.
Begleitung.

Ein Wort, das Lukas nicht mochte.
Nicht, weil es schlimm klang.
Sondern, weil es nach Abschied roch.

Er zog sich zurück.
Lehnte sich an die Wand.
Dame kam, fast lautlos, setzte sich neben ihn.

Lukas sagte nichts.
Aber in seinem Kopf drehte sich ein Gedanke wie ein Karussell:

„Es geht los. Der Teil, wo man nicht mehr hoffen kann, dass alles wieder gut wird."

Er drückte die Münze in seiner Tasche fest.
So fest, dass sie in seine Finger drückte.

Und flüsterte in Dames Fell:
„Ich will ihn noch behalten. Nur noch ein bisschen."

Wenn Liebe nach Seife riecht

Lukas stand in der Tür von Opas Zimmer.
Nicht mittendrin. Nur am Rand. Wie ein Schatten.
Wie jemand, der da ist, aber nicht stören will.

Mama saß auf der Bettkante.
Sie hatte ein kleines Waschbecken auf einem Tablett dabei, einen
Lappen, ein Handtuch.
Ihre Bewegungen waren ruhig, fast so, als hätte sie das schon hun-
dertmal gemacht – aber in ihren Augen lag ein Glanz, den Lukas
nicht kannte.
Nicht Glanz wie Freude.
Sondern Glanz wie Müdigkeit.
Wie Weinen, das nicht raus will.

Opa lag still.
Er redete kaum noch.
Die Arme lagen ruhig neben ihm, und sein Atem ging langsam, fast
zu langsam.

Mama beugte sich vor, wischte ihm behutsam das Gesicht ab.
„So", sagte sie leise. „Einmal Frühnebel wegwischen."

Sie nahm seine Hand, streichelte die Finger, massierte die Haut mit
einer duftenden Creme.
Der Geruch nach Lavendel und Seife füllte den Raum.
Ein ganz sanfter Geruch.
Aber für Lukas roch er plötzlich nach Abschied.

Er wollte helfen.
Irgendetwas tun.
Ein Kissen zurechtrücken. Etwas reichen. Fragen, ob alles okay ist.

Aber seine Beine fühlten sich schwer an.
Und sein Mund wusste nicht, welche Worte richtig wären.

Er stand einfach nur da.

Mama schaute kurz auf.

Sie lächelte – aber es war kein fröhliches Lächeln.

Mehr so eines, das sagt: *„Ich seh dich. Und ich weiß, dass du nicht weißt, was du tun sollst."*

Lukas spürte, wie seine Kehle eng wurde.

Nicht vor Tränen.

Sondern vor diesem einen Gefühl: Hilflosigkeit.

Das Gefühl, da zu sein – und trotzdem nichts tun zu können.

Als Mama fertig war, deckte sie Opa liebevoll zu, strich ihm über die Stirn.

Dann blieb sie einfach eine Weile sitzen, hielt seine Hand, sagte nichts.

Ihre Lippen bewegten sich ganz leicht.

Vielleicht sprach sie mit ihm.

Vielleicht mit sich selbst.

Vielleicht mit jemandem, den man nicht sehen konnte.

Lukas drehte sich irgendwann um.

Ganz leise.

Ging zurück in sein Zimmer.

Dame folgte ihm später.

Leise. Ohne zu fragen.

Er lag auf dem Bett, starrte an die Decke.

Sein Herz war voller Dinge, die er nicht sortieren konnte.

Kein Platz für Sätze.

Nur ein Gedanke, der immer wieder kam:

„Ich bin da. Aber nicht genug."

Am nächsten Tag regnete es wieder. Nicht laut. Nicht stürmisch.

Einfach nur leise Tropfen, die gegen die Fenster klopften, als würden sie sagen:

„Ich bin noch da."

Lukas ging nicht in sein Zimmer.
Nicht zum Spielen.
Nicht an den Küchentisch.

Er ging direkt zu Opa. Die Tür war einen Spalt offen.
Im Raum war es warm. Nicht heiß – sondern warm wie ein Schal,
den man vergessen hatte, und der plötzlich wieder da ist.

Opa lag im Bett. Die Augen geschlossen. Die Atmung flach, aber
gleichmäßig.

Neben dem Bett stand der Stuhl.
Lukas setzte sich hin.
Ganz still.
So still wie nie zuvor.

Er sagte nichts.
Nicht, weil ihm nichts einfiel – sondern, weil er wusste:
Das hier war kein Moment für Worte.
Das war ein Moment für Dasein.

Seine kleine Hand tastete sich über die Decke.
Fand Opas Hand.
Lang. Dünn. Still.
Aber warm.

Er nahm sie in seine.
Ganz vorsichtig.
Und ließ sie nicht mehr los.

Stunden vergingen.
Oder Minuten.
Zeit fühlte sich seltsam an, wenn man sie nicht zählt, sondern fühlt.

Dame saß auf der Fensterbank, blinzelte in den Regen.
Mama schaute einmal herein, sagte nichts, nur ein sanftes Nicken.
Papa kam später, stellte leise eine Tasse Tee auf den Nachttisch.

Aber Lukas bewegte sich nicht.
Er saß da.
Und hielt die Hand.
Als würde sie ihm die Welt erklären.
Ohne Sprache.

Manchmal flüsterte er etwas.
Ein kleiner Satz.
Ein Gedanke.
Ein „Weißt du noch?" oder ein „Ich wär' gern wieder am Lagerfeuer mit dir."
Aber meistens schwieg er.

Und irgendwann, ganz langsam, spürte Lukas etwas in sich:
Das hier war nicht nur Warten.
Nicht nur Stillsitzen.
Nicht nur traurig sein.

Es war einfach Dasein.
So nah, wie er nur sein konnte.
Mit der Hand, mit dem Herz, mit allem, was er hatte.

Und vielleicht – ja, vielleicht – war genau das das Wichtigste.
Vielleicht musste man gar nichts tun.
Nur da sein.
Und liebhaben.

Lukas wusste nicht, wie lange er schon dort saß.
Vielleicht eine Stunde. Vielleicht den ganzen Nachmittag.
Draußen war der Regen leiser geworden.
Drinnen war es still.

Opas Hand lag noch immer in seiner.
Sie war warm. Aber schwach.
Ganz leicht bewegte sie sich manchmal. Fast wie ein Windhauch.

Manchmal sprach Lukas leise.
Er erzählte vom Schulweg.
Von der Wolke, die aussah wie ein Elefant.
Von der Zeichnung, die er morgen fertig machen wollte.

Aber meist sagte er nichts.
Nur sein Herz sprach. Still. Ganz still.

Und irgendwann, ganz langsam, spürte Lukas etwas in sich:
Das hier war nicht nur warten.
Nicht nur stillsitzen.
Nicht nur traurig sein.

Es war einfach Dasein.
So nah, wie er nur sein konnte.
Mit der Hand, mit dem Herz, mit allem, was er hatte.

Und vielleicht – ja, vielleicht – war genau das das Wichtigste.
Vielleicht musste man gar nichts tun.
Nur da sein.

Die Uhr tickte leise.
Dame schnurrte im Halbschlaf auf der Fensterbank.

Ein Sonnenstrahl fand seinen Weg durch die Wolken, ganz schmal,
ganz zart – und fiel genau auf Opas Bett.

Da, ganz plötzlich, bewegte sich Opa.
Sein Kopf drehte sich ein wenig.
Langsam.
Die Lider hoben sich.

Seine Augen fanden Lukas.
Sie waren müde.
Aber da.
Noch einmal, ganz klar.

Ein winziges Lächeln zuckte über seine Lippen.

Dann sagte er – kaum hörbar, aber deutlich genug für Lukas' Herz:
„Danke, mein Junge."

Mehr nicht.
Kein letzter großer Satz.
Nur das.
Und das reichte.

Lukas drückte seine Hand.
Ganz fest.
Nicht aus Angst.
Sondern aus Liebe.

Opa schläft immer mehr

Der nächste Morgen war grau.
Nicht wie Regen – sondern wie Watte.
Wie eine Welt, die sich selbst leiser dreht.

Lukas trat langsam ins Zimmer.
Er kannte jeden Schritt, jeden Schatten, jede Falte in der Decke.
Aber heute fühlte sich alles noch langsamer an.

Opa lag da. Die Augen geschlossen. Sein Atem flach, kaum zu hören. Die Brust hob sich – aber sacht, wie bei jemandem, der nicht schläft, sondern tiefer ist als Schlaf.

Die Teetasse auf dem Nachttisch war unberührt.
Die Bonbons lagen noch da.
Selbst Dame, die sonst bei jeder Bewegung die Ohren spitzte, lag eingerollt und regte sich nicht.

Lukas setzte sich an den Rand des Bettes.
Vorsichtig, fast wie auf Zehenspitzen, obwohl er saß.

„Hallo, Opa", flüsterte er.
Keine Reaktion.

Er nahm Opas Hand.
Sie war warm. Aber sie lag still. Weich.
Als wäre das Leben schon ein wenig auf dem Rückweg.

Später kam Mama ins Zimmer.
Sie stellte sich ans Fußende, sah lange auf Opa.

Dann sagte sie leise:
„Er schläft fast nur noch."

Lukas nickte.
Er wusste es längst.

„Manchmal kommt er noch kurz zurück", flüsterte Mama.
„Aber nicht mehr oft."

Er hätte fragen können:
Wann? Wie lange noch? Was passiert dann?

Aber er tat es nicht.
Denn etwas in ihm wusste schon mehr, als er verstehen konnte.

Er saß lange da. Schaute Opas Gesicht an.
Die Stirn war ruhig. Die Wangen fahl. Die Lippen leicht geöffnet.
Aber da war kein Schmerz zu sehen.

Nur Stille. Nur Ruhe.
Als würde Opa langsam übergehen. Von einem Raum in den nächsten.

Und Lukas wusste:
Er konnte ihn nicht aufhalten.
Aber er konnte ihn begleiten.

Lukas kam direkt nach der Schule in Opas Zimmer.
Seine Jacke war noch nicht mal richtig ausgezogen, der Ranzen lag halb geöffnet im Flur.

Aber das war egal.
Denn hier drinnen zählte etwas anderes.

Opa lag da, wie in den letzten Tagen: still, schwer atmend, ohne Worte.
Manchmal bewegte sich ein Finger.
Ein Zucken. Ein leises Seufzen.

Aber meist war da nur das gleichmäßige Heben und Senken der Brust – wie das Ticken einer langsamen Uhr, deren Zeiger kaum noch zucken.

Lukas setzte sich auf den vertrauten Stuhl.
Legte den kleinen Papierstapel auf den Nachttisch.

Es waren Blätter, die er selbst beschrieben hatte.
Kleine Geschichten. Kurze Erlebnisse.
Dinge, die er Opa erzählen wollte, falls dieser mal wieder zu müde war, um zuzuhören.

Er räusperte sich leise.
Nicht, weil er sich wichtigmachen wollte.
Sondern, weil er es richtig machen wollte.

„Also... heute hatte Max wieder seinen Unsinn-Tag. Er hat versucht, mit einem Radiergummi eine Banane zu schälen. Keine Ahnung, warum."

Keine Reaktion.
Aber Lukas las weiter.

„Und die Lehrerin hat gesagt, mein Aufsatz war ‚lebendig'. Ich glaub, das ist gut. Obwohl sie auch geguckt hat, als hätte sie lieber was Ruhigeres gelesen."

Er schaute kurz auf.
Keine Bewegung.

Er lächelte trotzdem.
Denn Opa hatte immer gesagt:
‚Erzähle nie nur, wenn dir jemand antwortet. Erzähle, weil du liebst.'

Dann holte er ein Buch hervor.
Ein altes.
Ein Märchenbuch, das sie früher gemeinsam gelesen hatten.
Er blätterte darin, bis er „Die Sterntaler" fand.
Das mochte Opa immer.

„Es war einmal ein kleines Mädchen, das war ganz arm..."

Er las langsam. Nicht theatralisch. Nicht besonders deutlich.

Mit Herz. Für Opa.

Nach ein paar Minuten senkte er das Buch.
Sah ihn an. Still.

„Ich weiß nicht, ob du noch zuhörst", flüsterte er.
„Aber ich lese weiter. Bis du sagst: ‚Jetzt reicht's, ich kenn das Ende!'"

Keine Antwort.
Doch Lukas hatte das Gefühl, als würde irgendwo in Opas stiller Welt ein Echo lächeln.

Er lehnte sich ein Stück vor.
Legte die Hand leicht auf Opas Decke.
Und begann die nächste Geschichte.

Die Wahrheit, ganz leise

Es war später Nachmittag.
Das Licht im Zimmer wurde weicher, golden und müde.
Lukas hatte gerade die letzte Seite seiner kleinen Geschichte gelesen, sie vorsichtig auf den Nachttisch gelegt, als Mama ins Zimmer kam.

Sie hatte einen Becher Tee in der Hand und trat langsam an ihn heran.
Nicht eilig. Nicht fremd.
Aber mit einem Gesicht, das zeigte:
Sie wusste, dass jetzt etwas gesagt werden musste.

„Darf ich mich kurz zu dir setzen?"

Lukas nickte.
Sie setzte sich auf die Bettkante, dort, wo Opas Füße unter der Decke lagen.

Für einen Moment sagten sie nichts.
Sie lauschten nur dem Atmen.

Dem Ticken der Uhr.
Dem Wind, der draußen durch die Äste ging.

Dann sagte Mama leise, fast wie in einem Lied:
„Luki... du weißt ja, dass Opa sehr krank ist."

Lukas nickte wieder.
Langsam.
Nicht, weil es neu war – sondern, weil es jetzt anders klang.

Mama legte den Tee ab.
Drehte sich ein bisschen zu ihm.

„Der Arzt war heute wieder da."
Kurze Pause.
„Er hat gesagt, es kann jetzt... jeden Tag so weit sein."

Lukas sah sie an.
Ihre Stimme war ruhig, aber in ihren Augen war dieses Glänzen, das
mehr sagte als jedes Wort.

„Was... heißt das genau?" flüsterte er.

Mama holte einmal tief Luft.

Dann sagte sie:
„Dass Opa bald gehen wird. Dass sein Körper... einfach aufhört.
Ganz langsam.
Nicht mit einem Knall. Nicht mit Schmerz.
Sondern wie eine Kerze, die fast runtergebrannt ist.
Es ist nicht schlimm – aber es ist traurig."

Lukas schaute auf Opas Gesicht.
So ruhig. So still. So... fern.

„Tut das weh?"

„Ich glaube nicht", sagte Mama.
„Er bekommt alles, was er braucht. Damit er es leicht hat. Damit er nicht kämpfen muss."

Stille.

Dann sagte Lukas leise:
„Also... kann es morgen sein? Oder heute Nacht?"

Mama nickte nur.
Ganz, ganz vorsichtig.

„Ja. Vielleicht.
Oder erst in ein paar Tagen.
Aber... wir sind jetzt in dieser letzten Zeit, Schatz."

Lukas starrte auf seine Hände.
Er hatte nichts zu sagen.
Keine Fragen mehr.
Aber in seinem Bauch war etwas, das kribbelte und schmerzte gleichzeitig.
Nicht wie Hunger. Nicht wie Angst.
Etwas anderes.

„Ich will hierbleiben", sagte er schließlich.
„So oft es geht. Immer, wenn ich darf."

Mama legte eine Hand auf seinen Rücken.
„Das darfst du. Und ich glaube, er merkt es. Dass du da bist."

Sie blieben noch eine Weile so sitzen. Zu dritt.
Opa zwischen ihnen, wie ein stiller Fluss, der leise weiterfloss.

Und Lukas wusste, ohne dass jemand es sagte:
Jetzt ist die Zeit zum Bleiben.
Nicht zum Fragen.
Nicht zum Erklären.
Sondern einfach – zum Dasein.

So still wie noch nie

Es war spät.
So eine Art Spät, bei dem man nicht genau wusste, ob es noch Tag
war oder schon Nacht.
Das Haus war leise. Keine Stimmen. Kein Fernseher.
Nur das Knistern der Heizung und der Regen, der ganz leicht ans
Fenster klopfte.

Lukas ging noch einmal in Opas Zimmer. Langsam.
So, als müsste er zuerst schauen, ob der Raum ihn heute auch her-
einließ.

Dame lag zusammengerollt auf dem Stuhl.
Sie hob kurz den Kopf, als er kam – und ließ ihn dann wieder sin-
ken.
Als würde sie sagen: „*Alles gut. Du darfst.*"

Opa lag still im Bett. Sein Gesicht war friedlich. Seine Augen geschlossen.
Der Mund ganz leicht geöffnet, wie bei jemandem, der etwas
träumt, aber nicht mehr davon erzählt.

Lukas setzte sich an den Bettrand. Sagte erstmal nichts.
Er wollte nicht stören. Aber er wollte auch nicht schweigen.

Also nahm er Opas Hand. Ganz vorsichtig.
So, wie man eine kleine Taschenlampe anfasst, wenn man nicht
weiß, ob sie noch leuchtet.

Sie war warm.
Aber schwer.
Still.

„Ich bin da", flüsterte Lukas.
„Nur damit du's weißt."

Er streichelte mit dem Daumen über den Handrücken.
„Ich bin hier. Jeden Tag."

Er atmete tief ein, so leise wie möglich.
„Du bist der Beste, Opa.
Nicht *warst*.
Bist.
Weil du noch hier bist.
Auch wenn du gerade mehr träumst als redest."

Seine Stimme klang klein. Aber klar.
So wie jemand, der weiß, dass das Herz trotzdem laut genug ist.

Lukas schaute auf Opas Gesicht. Suchte ein Zeichen.
Ein Zucken. Ein Lächeln.
Irgendwas.

Aber da war nichts. Nur Frieden. Und Atmen.

Er spürte, wie etwas in ihm schwer wurde –
aber nicht wie eine Mauer.
Eher wie ein Stein, den man still im Arm hält.
Weil man ihn kennt.
Und weiß:
Jetzt ist er da.

„Ich wollte dir einfach sagen... danke", murmelte Lukas.
„Für alles.
Für die Geschichten.
Für die Antworten, die du erfunden hast.
Für den Regenbogen.
Für das Lachen."

Er beugte sich ein kleines bisschen nach vorn.
„Wenn du bald gehst... ist das okay."
Er flüsterte.
„Nicht schön. Aber okay.

Ich bleib da.
Versprochen."

Dann schwieg er. Nicht, weil ihm nichts mehr einfiel.
Sondern, weil alles Wichtige gesagt war.

Er saß noch lange dort. Mit Opas Hand in seiner. Mit Dame neben
sich. Mit dem Gefühl, dass es weh tat – aber nicht falsch war.

Und in sich spürte er ganz leise:
Das war vielleicht der erste Abschied.
Aber nicht das Ende.

Die Münze und das Versprechen

Lukas kam am Abend noch einmal zurück. Allein.
Im Flur war das Licht gedämpft.
Das Haus machte keine Geräusche mehr.
Es hörte einfach zu.

In der Hand hielt er etwas Kleines.
Rund. Glatt.
Ein bisschen zerkratzt.
Die Glücksmünze.
Die, die Opa ihm am letzten Ferientag geschenkt hatte.
Die, die er immer bei sich getragen hatte.

Er trat ans Bett. Setzte sich nicht. Stand einfach da.

Opa lag ganz ruhig.
Sein Atem ging langsam, flach.
Fast wie ein Windhauch, der sich verirrt hatte.

Lukas schaute ihn lange an.
Dann legte er die Münze auf den Nachttisch.
Ganz sacht. Ohne ein Geräusch.

Ein kleines, goldenes Zeichen.
Als wollte er sagen:
„Du musst sie nicht mitnehmen.
Aber sie soll bei dir sein."

Er strich kurz über Opas Hand. Dann beugte er sich vor. So nah, dass er fast flüsterte:

„Ich bin hier, Opa.
Jeden Tag."

Kein weiteres Wort. Keine Träne. Nur dieser eine Satz.

Ein Versprechen.

So leise, dass nur das Herz es hörte.

Aber so deutlich, dass es für immer blieb.

Der letzte richtige Moment

Es war früh am Morgen.
Die Sonne war gerade über den Rand des Himmels gekrochen und warf ein weiches, goldenes Licht durchs Fenster, als hätte sie sich heute Mühe gegeben, besonders freundlich zu sein.

Lukas hatte sich wie immer leise ins Zimmer geschlichen.
Er wollte einfach nur schauen, vielleicht kurz die Hand halten.
Mehr nicht.

Doch als er die Tür öffnete, blieb er stehen.

Denn da war etwas anders. Opa war wach.
Nicht halb. Nicht dämmernd. Sondern ganz.

Seine Augen waren offen, klar – und sie sahen direkt zu ihm.
Nicht durch ihn hindurch. Nicht vorbei. Zu ihm.

„Na, mein Junge...", kam es mit rauer Stimme, aber mit einem Lächeln.

Lukas' Herz machte einen Sprung.
Nicht aus Schreck. Nicht aus Freude.
Aus Staunen.

„Opa? Du... du bist wach!"

„Scheint so."
Er grinste schwach, aber echt.
„Die Sonne hat gesagt, ich soll noch mal nach dem Rechten sehen."

Lukas trat schnell ans Bett, zog sich den Stuhl heran, rutschte darauf herum wie jemand, der nicht glauben kann, was er sieht.

„Du hast seit Tagen fast gar nichts gesagt..."

„Müde gewesen."
Opa blinzelte.
„Aber heute... heute ist noch mal ein guter Tag. Vielleicht sogar ein kleiner Geheimtag."

„Was meinst du?"

„Na ja", flüsterte er.
„Vielleicht gibt es manchmal noch ein bisschen extra Zeit. So einen Resttag, damit man noch sagen kann, was man sagen will."

Lukas nickte langsam.
Er wusste nicht, ob das stimmte.
Aber es fühlte sich wahr an.

Er nahm Opas Hand. Diesmal war sie wärmer.
Nicht stark. Aber lebendig.

Und in diesem Moment dachte Lukas:
Vielleicht ist das hier ein Geschenk.
Kein großes. Aber ein echtes.
Ein Moment zum Aufbewahren. Für immer.

Lukas saß dicht bei Opa.
Die Decke lag ordentlich gefaltet über dessen Beinen, das Licht strich golden über sein Gesicht.

Er sah alt aus. Sehr alt. Aber auch lebendig.
Nicht wie jemand, der geht – sondern wie jemand, der etwas zu sagen hat.

Opa drehte leicht den Kopf zu ihm.
„Sag mal... erinnerst du dich an den Tag mit dem Bienenglas?"

Lukas blinzelte.
Dann grinste er.
„Welchen? Den, wo du meintest, man könne Bienen zähmen?"

„Genau den.“
Opas Mundwinkel zuckten.
„Und du hast gesagt: ‚Ich glaub, Bienen sind keine Haustiere, Opa.‘“

„Und du hast geantwortet: ‚Sie wissen das nur noch nicht!‘“

Sie kicherten beide. Nicht laut.
Aber auf diese Art, die sagt: *Wir wissen genau, was damals war – und dass es verrückt war.*

„Und dann hast du so ein Honigglas geholt“, sagte Lukas.
„Und ich sollte es festhalten, während du versucht hast, eine Biene hinein zu locken.“

„Ich war hochkonzentriert“, murmelte Opa gespielt ernst.
„Die Biene auch.“

„Und dann hat sie dich gestochen.“

„Aus purer Liebe.“

„Und du hast gesagt: ‚Sie hat mich adoptiert!‘“

Jetzt lachten sie beide. Wirklich.
Nicht gekünstelt. Nicht vorsichtig.
Echtes Lachen.

Lukas beugte sich nach vorn, hielt sich die Stirn.
„Du hattest zwei Stunden lang einen Eiswürfel auf der Hand!“

„Ich war halt ein Erfinder.
Pionier der Bienenfreundschaft.“

„Ein bisschen verrückt.“

„Ein bisschen genial.“

Sie grinsten sich an.
Und dann – dann wurde es still.

Nicht abrupt.
Eher so, wie wenn ein Lied langsam ausklingt.

Opa sah ihn lange an.
Sein Lächeln wurde kleiner, aber nicht weniger warm.

„Weißt du, mein Junge... das war einer meiner liebsten Tage.
Nicht, weil ich gestochen wurde.
Sondern, weil du da warst.
Weil du mir zugehört hast.
Weil du gelacht hast.
Weil du geglaubt hast, dass alles möglich ist – sogar bienenfreundliche Gläser."

Lukas lächelte noch.
Aber dann spürte er etwas.
Etwas hinter den Augen. Etwas im Bauch. Etwas im Herzen.

Er wusste plötzlich ganz genau:
Das hier war gerade das Letzte.
Die letzte Geschichte.
Das letzte gemeinsame Lachen.
Der letzte Tag, an dem alles kurz noch so war wie früher.

Er versuchte, das Lächeln zu halten.
Aber es zerbrach. Ganz langsam.
Wie ein leiser Riss in einem schönen Moment.

Die Tränen kamen nicht mit einem Schluchzen.
Sie kamen wie der Regen auf einen heißen Stein.
Leise. Schnell.
Ehrlich.

Opa sah ihn.
Und er sagte nichts dazu.
Er drückte nur ganz leicht Lukas' Finger.

Lukas wischte sich mit dem Ärmel übers Gesicht.
„Tut mir leid...", murmelte er.

„Wofür denn?"

„Ich... ich will nicht, dass es vorbei ist."

Opa nickte. Langsam. Ganz ruhig.

„Ich auch nicht", sagte er.
„Aber schau mal... es ist nicht traurig, dass etwas endet, wenn es so schön war, oder?"

„Aber ich will noch mehr Tage mit dir."

„Weißt du, wie viele du schon hattest?"
Er zwinkerte.
„Mehr als die meisten Jungs mit so einem verrückten Opa."

Lukas lachte durch die Tränen.
Nur kurz. Aber echt.

Opa lächelte wieder. Und dann sagte er leise:
„Es war ein guter Tag, oder?"

„Der beste."

Es war still geworden im Raum.
Nach dem Lachen. Nach den Tränen.
Nach allem.

Die Sonne fiel noch immer auf die Decke, warm wie ein letzter Sommernachmittag.
Lukas saß still da, hielt Opas Hand.
Er sagte nichts.
Er brauchte auch nichts mehr sagen.

Opa blinzelte.
Einmal. Langsam.

Dann sah er Lukas an.
Nicht angestrengt. Nicht schwer.
Nur klar. Und weich.

„Weißt du...", begann er leise, fast flüsternd,
„du hast mir etwas geschenkt, was mir niemand sonst hätte geben
können."

Lukas sah ihn an.
Wollte fragen. Aber Opa sprach weiter.

„Die letzten Wochen.
Deine Zeit.
Dein Lachen.
Dein Dasein.
Jeden Tag.
Du hast sie mir geschenkt."

Er lächelte.
Müde.
Aber so liebevoll, dass es ganz hell wurde in Lukas' Brust.

„Und das... das ist das schönste Geschenk, das ich je bekommen
habe."

Lukas schluckte.
Zu viele Worte auf einmal.
Aber er verstand.
Er verstand jedes einzelne davon.

Er legte die Stirn kurz gegen Opas Hand.
Schloss die Augen.

Und dachte:
Ich hab' nichts geschenkt.
Ich hab' Opa einfach nur lieb.
Aber vielleicht ist das ja das Gleiche.

Der Finger auf dem Herzen

Opa war still geworden.
Seine Augen halb geschlossen, das Gesicht weich, fast durchsichtig
im Licht.

Lukas saß noch immer bei ihm. Die Hand in seiner.
Voll Abschied, der noch kein Abschied sein wollte.

Dann bewegte Opa sich langsam.
Ganz langsam.
Er hob den Arm – nicht viel, gerade so, dass seine Hand zitternd die
Luft durchstrich.

Lukas beugte sich vor.
„Was ist, Opa?"

Opa lächelte schwach.
Dann streckte er den Zeigefinger aus.
Ganz vorsichtig.
Und tippte Lukas genau auf die Brust.
Dort, wo das Herz schlägt. Einmal.

„Ich bleib... da drin."
Die Stimme war kaum hörbar. Ein Hauch.
Aber Lukas hörte sie, als hätte jemand die ganze Welt für ihn still
gemacht.

Er legte sofort seine Hand auf die Stelle.
Als wolle er etwas festhalten, das gerade hineingefallen war.

Opa ließ die Hand sinken.
Ganz ruhig.
Ganz leicht.
Als hätte er nun gesagt, was er sagen musste.

Lukas flüsterte:
„Du bleibst für immer, Opa."

Opa nickte kaum sichtbar.
Die Augen fielen langsam zu.

Und in Lukas' Brust war es warm.
Still warm.
Nicht laut.
Aber sicher.
So, wie wenn jemand etwas ganz Kostbares in dich gelegt hat – und es dort lässt.
Für immer.

Lukas saß noch immer da.
Der Finger lag auf seiner Brust, dort, wo Opa ihn vorhin berührt hatte.
Ein einziger Tipp – und doch schwerer als alles, was man wiegen kann.

Opa schlief jetzt wieder. Sein Atem war da. Aber leiser.

Nicht schwächer – nur... weiter weg.
Wie ein Boot, das noch zu sehen ist, aber langsam aus dem Hafen gleitet.

Lukas rührte sich nicht.
Er saß einfach nur da.
Nicht starr.
Nicht voller Tränen.

Nur ganz still.

Er wusste, ohne dass jemand es sagen musste:
Das war ihr letzter richtiger Moment.
Der letzte Satz.
Der letzte Blick.
Das letzte gemeinsame „Wir".

Von jetzt an würde Opa schweigen.
Nicht, weil er nicht wollte.
Sondern, weil es nichts mehr gab, das gesagt werden musste.

Lukas sah ihn an.
Und in ihm war keine Panik.
Kein Schrei.
Kein „Bleib doch".
Nur etwas Warmes.
So wie Kerzenlicht in einer dunklen Hütte.

Er stand auf, ganz langsam,
nahm Opas Hand und legte sie sanft unter die Decke.
Dann beugte er sich vor, flüsterte:
„Ich komm morgen wieder. Einfach so, wie immer."

Er wusste, dass Opa es nicht mehr hören würde.
Oder vielleicht doch.
Irgendwie.

Dame sprang lautlos vom Fensterbrett, schlich um Lukas' Beine.
Und sie gingen gemeinsam zur Tür.

Bevor er sie schloss, sah Lukas sich noch einmal um.
Und dachte:
Jetzt beginnt das Danach.
Aber ich fühl das Davor in mir.
Ganz nah.

Der Tag, an dem alles anders wurde

Der Wecker klingelte um sieben.
Ein ganz normales Klingeln. Kein anderes als sonst.

Lukas blinzelte, streckte sich unter der Decke, hörte Mama in der Küche.
Der Geruch von Toast zog durchs Haus.
Die Heizung gluckerte.
Alles war wie immer.

Er zog sich an, langsam, mit dem Kopf noch halb im Kissen.
T-Shirt, Hose, Socken.
Dann lief er barfuß in die Küche.

Mama stellte gerade Tee auf den Tisch.
Sie lächelte. Ein kleines, müdes Lächeln.
Kein echtes. Aber auch kein falsches.

„Morgen, Luki."

„Morgen."
Er setzte sich, kaute auf einer Scheibe Toast herum.
Er sah Mama an. Ihre Augen waren rot.

Nicht frisch geweint – eher so, als hätte sie in der Nacht viel still geweint und jetzt nur noch das Leuchten davontrug.

Lukas sagte nichts.
Sie auch nicht.

Im Flur zog er seine Jacke an.
Mama half ihm mit dem Reißverschluss, wie früher, als er kleiner war.

„Ist... Opa wach?" fragte Lukas leise.

Mama schüttelte den Kopf.
„Er schläft noch. Sehr tief. Du kannst später zu ihm."

Lukas nickte. Kurz.

Dann griff er nach dem Ranzen, schob sich die Kapuze über den Kopf.

„Ich geh dann."

Mama beugte sich vor, drückte ihn kurz.
Nicht zu fest. Nur so, dass er spürte: Da ist noch Halt.

„Pass gut auf dich auf, Schatz."

„Du auch."

Dann ging er zur Tür - trat hinaus in die kühle Morgenluft.
Ein Schultag wie viele. Dachte er.
Noch.

Das Haus war ruhig.
Lukas war zur Schule gegangen.
Papa war im oberen Stock, telefonierte leise.

Mama saß bei Opa. Schon eine ganze Weile.
Mehr aus Gefühl als aus Plan.

Sie hatte ihm das Kissen ein wenig gerichtet, die Decke glattgezogen, die Vorhänge leicht geöffnet – gerade so, dass das Licht hereinkam. Ein weiches Licht. So, wie Opa es mochte.

Sein Gesicht war friedlich.
Die Atmung flach. Langsam. Ganz langsam.

Mama hielt seine Hand.

Nicht zum ersten Mal.
Aber vielleicht zum letzten Mal.

Sie sprach nicht. Sie dachte nicht einmal laut.
Sie war einfach da.

Ein paar Minuten vergingen.
Dann, ganz plötzlich – oder vielleicht auch ganz leise und lange vorher schon – veränderte sich etwas.

Ein Atemzug kam.
Und dann... keiner mehr.

Mama schaute hin. Rührte sich nicht sofort.
Nur ihr Herz pochte schneller.

„Opa?" flüsterte sie.

Keine Antwort. Aber auch kein Schmerz.
Nur Stille.

Sie legte die Hand auf seine Stirn.
Streichelt ihn. Einmal. Zwei Mal.

Dann senkte sie den Kopf. Beugte sich zu ihm. Und flüsterte:

„Du darfst jetzt gehen. Ich bin bei dir."

Ein letzter Blick auf sein Gesicht.
So ruhig. So still.
Wie ein Buch, das man gelesen hat.
Bis zur letzten Seite.
Ein Buch, das man nun sanft schließt.

Mama weinte nicht sofort.
Nur ihre Hände zitterten ein wenig.

Dann nahm sie die Glücksmünze vom Nachttisch.
Hielt sie in der Hand.
Ganz fest.

Und irgendwo draußen, ganz weit weg, saß Lukas gerade im Unterricht. Den Stift in der Hand. Den Kopf in Gedanken.
Nicht wissend, dass in diesem Moment etwas zu Ende ging – und etwas anderes für immer blieb.

Heimkommen in eine andere Stille

Die Haustür klemmte ein bisschen, als Lukas sie aufschob.
Wie immer. Ein kleines Knarzen, dann war sie auf.

Er trat hinein, schob den Ranzen mit der Schulter ein Stück höher, zog die Jacke halb aus – wie jeden Tag.
Der Flur war warm.
Still.

Aber es war nicht die normale Nachmittags-Stille.
Nicht die, in der Mama in der Küche herumklapperte oder, wie immer, irgendwo das Radio lief.
Es war eine andere Stille.

Er wartete kurz. Hörte hin. Nichts.

„Hallo?" rief er.
„Ich bin da!"

Keine Antwort.

Er trat einen Schritt weiter.
Die Jacke ließ er einfach auf den Haken fallen.
In diesem Moment kam sie.
Dame.

Langsam, wie in Zeitlupe.
Nicht wie sonst, wenn sie um seine Beine strich oder zur Begrüßung leise miaute.
Heute sagte sie nichts.

Sie blieb einfach vor ihm stehen, sah ihn an – mit diesen großen, stillen Augen.

Dann drehte sie sich um.
Langsam.
Und ging in Richtung Wohnzimmer.
Ohne sich noch einmal umzusehen.

Lukas folgte ihr.
Etwas in ihm zog ihn weiter, auch wenn er noch nicht wusste, wohin.

Die Tür zum Wohnzimmer war offen.
Ein Stück.
Durch den Spalt fiel Licht.

Dann erschien Mama.
Langsam.
Ihre Haare offen, ein Pullover mit Flecken an den Ärmeln, die Augen wie nach Regen – nicht rot, nicht geschwollen.
Nur zu still.

Sie sah ihn.
Und ihr Gesicht veränderte sich nicht.
Kein Lächeln.
Nur ein Blick, der sagte: *„Ich bin hier. Und ich warte auf dich."*

„Luki", sagte sie leise.

Er blieb stehen.
Ganz plötzlich war seine Kehle trocken.
Nicht vor Angst.
Nicht vor Ahnung.
Vor etwas anderem.
Etwas, das man nicht kennt – bis man es fühlt.

Mama ging in die Hocke.
„Komm mal her."

Er trat näher.
Zwei kleine Schritte.
Dann fiel sein Blick auf ihre Hände.
Sie zitterten ein wenig.
Sie streichelten über seine Arme.

Und dann setzte sich Dame wieder neben ihn.
Ganz dicht.
Wie ein Schatten.
Wie ein zweiter Pulsschlag.
Still.
Und wach.

„Mama...?" flüsterte Lukas.

Sie sah ihn an.
Und in ihrem Blick war alles schon gesagt – aber die Worte mussten noch folgen.

„Ist was mit Opa?"

Sie schluckte.
Legte ihm eine Hand auf die Wange.

Und dann kam nur ein einziges Wort über ihre Lippen.
Leise. Ganz leise.

„Ja."

Mama kniete vor ihm.
Noch immer hielt sie seine Arme.
Nicht fest – aber so, als würde sie ihn halten wollen, bevor er fällt.

Lukas sagte nichts.
Er schaute nur. In ihre Augen. In die Stille hinter ihr.

Dame lehnte sich leicht an sein Bein.
Warm.

Lebendig.
Da.

Mama atmete tief ein.
Dann sagte sie ganz leise:

„Opa ist heute gestorben."

Sie sagte es, wie man ein Fenster öffnet.
Langsam.
Mit beiden Händen.
Und mit einem Zittern im Herzen.

Lukas schluckte.
Einmal.
Dann noch einmal.

„Warst du bei ihm?"
Seine Stimme war fast nicht zu hören.

Mama nickte.
„Ja. Ich war da. Ich hab' seine Hand gehalten. Und er war ganz friedlich. Ganz ruhig."

Lukas senkte den Blick.
Er schaute auf seine Schuhe.
Auf Dames Fell.
Auf gar nichts.

Kein Schrei.
Kein „Nein!".
Nur Leere.
Die sich langsam füllte.
Mit etwas, das man noch nicht kennt.

Mama sagte nichts weiter.
Sie rückte nur näher, legte die Stirn an seine Schulter.

Und da saßen sie.
Lange.
Zu zweit.
Und irgendwie auch zu dritt.

Denn Opa war nicht mehr da.
Aber er fehlte nicht.
Noch nicht.

Mama saß noch immer dicht bei Lukas.
Sie hatte nicht geweint, seit sie es gesagt hatte.
Und er auch nicht.

Es war seltsam.
Nicht falsch.
Nur... still.
So, als hätte sein Herz alle Türen geöffnet – aber noch keinen
Schritt gemacht.

Er hob den Kopf. Sah sie an.

„Kann ich ihn sehen?"

Mama blinzelte. Sie dachte kurz nach.
Dann nickte sie.

„Wenn du das möchtest."

„Ich glaube... ich muss."

Sie standen auf. Langsam.

Dame blieb zurück im Flur, als spüre sie:
Dies war kein Moment für Katzenpfoten.

Mama führte Lukas leise durch den Gang.
Vor Opas Tür blieb sie stehen.
Legte ihre Hand auf den Griff.
„Ich geh mit dir rein, ja?"

Lukas nickte.

Die Tür öffnete sich fast lautlos.

Der Raum war wie immer. Und doch anders.

Die Decke war glattgezogen.
Das Fenster ein wenig geöffnet.
Der Wind bewegte die Gardine ganz leicht.

Und Opa lag da. Ganz still.

Die Augen geschlossen.
Das Gesicht weich.
Die Hände auf der Decke gefaltet – so, als würde er schlafen.
Aber nicht mehr träumen.

Lukas trat näher.
Ganz ohne Eile.
Jeder Schritt ein Gedanke.

Er schaute ihn an. Lange. Still.

„Er sieht friedlich aus", sagte er leise.

Mama nickte.
„Ja. So war es auch."

Lukas hob die Hand, berührte Opas Finger.

Sie waren kühl.
Aber nicht fremd.
Nur... ruhig.

Er sagte nichts.
Keine Abschiedsworte.
Keine Fragen.
Nur ein stilles Flüstern in seinem Kopf:
„Ich hab's verstanden, Opa.

Du bist gegangen.
Aber du fehlst mir noch nicht – weil du noch ganz da bist. In mir."

Als sie das Zimmer wieder verließen, drückte Lukas Mamas Hand.

Er weinte nicht. Noch nicht.

Aber irgendwo tief in ihm – war etwas in Bewegung geraten.

Wie ein Tropfen, der fällt.

Langsam.

Aber sicher.

Wenn die Stille Besuch bekommt

Am nächsten Morgen war es sehr leise im Haus.
Lukas war wach, saß in der Küche, rührte in seinem Kakao, ohne
wirklich zu trinken.
Mama saß ihm gegenüber.
Die Uhr tickte.
Dame schlief zusammengerollt auf der Fensterbank.

Dann sagte Mama leise:
„Gleich kommen zwei Männer. Sie arbeiten beim Bestatter. Weißt
du, was das ist?"

Lukas schüttelte den Kopf.

„Ein Bestatter hilft, wenn jemand gestorben ist. Er kümmert sich
darum, dass Opa jetzt gut auf seine letzte Reise vorbereitet wird.
Sie holen ihn ab. Aber zuerst bringen sie einen Sarg ins Haus – also
so eine Art Holzbett, in dem er liegt, wenn er geht."

Lukas hörte aufmerksam zu.
Er sagte nichts.
Aber er nickte. Langsam.
Er verstand.
Nicht alles – aber das Wichtigste.

Eine halbe Stunde später stand er am Fenster.
Mama neben ihm. Sie legte ihm eine Hand auf die Schulter.

Draußen fuhr ein schlichtes Auto vor.
Nicht schwarz. Eher silbergrau.
Unauffällig.
Ruhig.

Zwei Männer stiegen aus.
Schwarze Hosen, einfache Jacken, ruhige Bewegungen.

Keine Eile. Kein Flüstern.
Nur Konzentration. Und Respekt.

Sie öffneten die Hecktüren.
Hoben gemeinsam einen hellen Holzsarg aus dem Wagen.
Langsam.

Lukas beobachtete sie.
Und irgendetwas in ihm dachte:
„Die wissen, wie man mit Abschied umgeht."

Mama flüsterte:
„Wenn du nicht magst, musst du nicht zuschauen. Aber du darfst."

Lukas blieb. Er wollte es sehen.
Nur den Moment.
Nicht alles.

Die Männer trugen den Sarg durchs Gartentor, über den Weg zur
Tür. Er war schlicht. Aber schön.
So, wie Opa es gemocht hätte.

Dann verschwand er aus Lukas' Blickfeld.
Ins Wohnzimmer.
Dort wartete der Abschied.

Was ich dir mitgeben will

Das Wohnzimmer war ruhig.
Nicht still wie nachts.
Sondern weich-still, wie ein Raum, der zuhört.

Der Sarg war da.
Aus hellem Holz, mit einem weißen Tuch innen.
Nicht unheimlich. Nicht fremd.
Fast wie ein Boot.
Ein Boot, das bald losfahren würde.

Opa lag darin. Friedlich.
Sein Gesicht sah aus, als würde er gleich aufwachen und fragen, ob noch Tee da ist.
Aber Lukas wusste: Er schläft jetzt anders. Für immer.

Mama hatte ihm gesagt, dass er noch etwas hineinlegen dürfe, wenn er wolle. Etwas, das „mit auf die Reise gehen" konnte.

Lukas hatte lange überlegt.
Dann war er in sein Zimmer gegangen.
Hatte die kleine Holzkiste geöffnet, die, in der seine wichtigsten Dinge waren.

Er hatte nicht viele ausgewählt. Nur das, was zählte.

Jetzt trat er an den Sarg. Ganz ruhig.
Dame saß im Türrahmen.
Sie sagte nichts.
Aber sie war da.

Mama stand einen Schritt zurück.
Nicht weit.
Nur so, dass Lukas ganz für sich sein konnte.

Er nahm zuerst den kleinen Zettel aus der Tasche.
Faltete ihn auf, las ihn noch einmal.

"Ich hab' dich lieb. Nicht nur, weil du mein Opa bist. Sondern weil du der beste Opa bist, den es für mich gibt."

Er legte ihn neben Opas Hand.
Nicht in sie hinein.
Nur daneben.
Wie ein Gruß.

Dann holte er den flachen Stein heraus.
Dunkelgrau, fast schwarz, mit einer weißen Linie, die wie ein Blitz darüber lief.

„Den haben wir zusammen gefunden, weißt du noch?
Am Fluss.
Du hast gesagt:
‚Steine mit Narben haben was erlebt. Die sind stark.'
Jetzt nimm ihn mit. Damit du was von hier dabeihast."

Er legte ihn auf das Holz, ganz vorsichtig.
Der Stein klickte leise.
Und blieb liegen.

Zum Schluss faltete er das Papier.
Ein kleiner Zettel.
Darauf eine Katze, mit zu großen Ohren und einem dicken Schwanz. "Dame."

Darunter stand in krakeliger Schrift:
„Wir passen hier auf. Du brauchst dich nicht sorgen."

Lukas atmete einmal tief ein.
Dann legte er beide Hände auf den Rand des Sargs.
Schaute Opa lange an.

„Ich geb dir das mit. Nicht, weil du's brauchst.
Sondern weil ich will, dass du weißt:
Ich hab an dich gedacht. Bis zuletzt."

Seine Stimme zitterte nicht.
Nicht jetzt.
Aber seine Finger drückten fester auf das Holz.
Ein kleiner Abschied.
Ganz groß.

Er drehte sich nicht sofort um.
Er nahm sich Zeit.
Ein letzter Blick. Ein letzter Gedanke.

Dann trat er zurück.
Mama legte den Arm um ihn.
Er sagte nichts.

Und Dame?
Sie stand auf.
Ging langsam zum Sarg.
Schnupperte.
Dann hob sie den Kopf – und blickte lange in Opas Gesicht.

Fast, als würde sie nicken.
Ganz, ganz leise.

Abschied und Trauer

Der Himmel war hellgrau. Nicht regnerisch – nur weich.
Wie ein großes Tuch, das sich über den Tag gelegt hatte, damit er
nicht so weh tat.

Lukas stand zwischen Mama und Papa.
Er trug eine dunkelblaue Jacke, die gute Hose, und ein Hemd, das
ein bisschen kratzte am Hals.

Sie waren schon früh zum Friedhof gefahren.
Der Sarg stand vorne, unter dem grünen Zeltdach.
Opa war darin.
Noch einmal.
Zum letzten Mal.

Viele Menschen waren da. Mehr, als Lukas erwartet hatte.
Alte Freunde von Opa, Nachbarn, zwei Männer vom Schachclub,
eine Frau, die immer zu Omas Geburtstag Rosen geschickt hatte.

Sie nickten einander zu. Redeten leise.
Jede Stimme klang wie ein Gedanke, der sich nicht laut trauen
wollte.

Lukas sah sie alle an. Nicht neugierig – nur wach.
So wach, wie nur jemand ist, der weiß: Heute zählt alles.

Ein Mann trat nach vorn. Der Pastor.
Er sprach ruhig, benutzte Worte wie „Danke", „Licht", „Leben".
Lukas hörte zu, aber nicht mit den Ohren.
Mehr mit dem Herzen.

Einmal fiel sein Blick zum Sarg.
Hellbraunes Holz.
Zwei weiße Blumen darauf.
Die Glücksmünze war nicht mehr da.

Die war schon unterwegs.
Mit Opa.
Wohin auch immer.

Ein Windstoß fuhr durch die Äste.
Die Blätter raschelten, aber nicht unruhig – eher wie ein Flüstern.

Lukas atmete tief ein.
Er fühlte, dass er nicht allein war.
Nicht in dieser Menschenmenge.
Nicht in seinem Kopf.
Nicht mit dem, was er fühlte.

Er sagte nichts. Er dachte nicht viel. Er spürte.

Und das war genug.

Lukas stand noch immer da.
Die Menschen um ihn herum bewegten sich langsam.
Einige hatten Tränen in den Augen, andere hielten Taschentücher,
manche starrten nur auf den Boden.

Aber Lukas sagte nichts. Er war einfach nur da.

Er hörte Mama neben sich schniefen, spürte Papas Hand, die seine
Schulter streifte. Aber er bewegte sich nicht.

In ihm war kein Sturm.
Nur ein Fluss.
Langsam. Und tief.

Er ließ seine Gedanken kommen, so wie sie wollten.
Keiner war laut. Keiner falsch.
Sie waren einfach da.

Er dachte an Opas Lächeln.
An den Lagerfeuerduft.
An den „Unsinn-Erklärer"-Titel.

An das leise „Ich bleib da drin" – und legte unbewusst die Hand auf seine Brust.

Er dachte an den letzten Tee. An die Münze.
An das Flüstern: *Ich bin hier, Opa.*

Und in seinem Kopf war es still.
Aber nicht leer.
Sondern voll.

Voll von all dem, was Opa war – und was jetzt in ihm war.

Lukas sagte nichts.
Aber seine Augen sahen klar.
Sein Atem war ruhig.
Und sein Herz – es war nicht gebrochen.
Es war nur ein Stück weiter geworden.

Lukas hatte die Augen geschlossen.
Nur einen Moment.
Nicht, weil er weinen musste – sondern, weil er das Bild in sich halten wollte.

Opas Gesicht. Sein Blick.
Der letzte Moment, als er gesagt hatte: *„Ich bleib da drin."*

Und genau da, in dieser Stille, kam sie.

Die Erinnerung.

Wie ein leises Klopfen.
Wie ein Sonnenstrahl durch Wolken.
Wie ein kleines, warmes "Hey".

Er sah es plötzlich wieder ganz genau:
Opa im Garten, mit einem Handtuch als Umhang.
Barfuß.
Grinsend.

„Ich bin der Ritter der Regenrinne! Verteidiger der Kaffeekanne!"

Lukas hatte damals so laut gelacht, dass er fast vom Stuhl gefallen war.

Und Opa hatte gerufen:
„Du bist mein Knappe, Lukas!
Bring mir die Kekse – für den Kampf gegen das Nachmittagstief!"

Lukas öffnete die Augen. Und da war es.

Das Lächeln.
Ganz plötzlich.
Ganz weich.

Er konnte es nicht verhindern. Aber er wollte es auch nicht.

Denn das Lächeln fühlte sich nicht falsch an.
Es fühlte sich an wie:
"Ich erinnere mich. Und das tut gut."

Mama bemerkte es. Sie sah ihn kurz an.
Und obwohl sie nichts sagte, lächelte sie mit.

Nicht, weil es nicht mehr traurig war.
Sondern, weil etwas Schönes mitkam.
Etwas, das nicht stirbt.

Die Leute hatten sich langsam zurückgezogen.
Ein paar standen noch am Rand.
Redeten leise. Wischten sich über die Augen.
Mama sprach kurz mit dem Pastor.
Papa schüttelte Hände.

Lukas blieb beim Grab. Allein.
Nicht einsam. Nur... nah.

Der Sarg war nun schon im Boden.
Ein paar Blumen lagen obenauf.

Weiße Rosen.
Eine kleine Sonnenblume.
Ein buntes Bild von einem Nachbarskind.
Und seine eigene Zeichnung.

Er trat ein paar Schritte näher.
Die Schuhe knirschten auf dem Kies.

Er schaute hinunter.
Nicht mit Angst.
Nicht mit Traurigkeit.

Mit Ruhe.
Mit Herz.
Mit einem kleinen, stillen Mut.

Er atmete tief ein. Dann sagte er leise, fast nur für sich:

„Tschüss, Opa."

Mehr nicht.

Aber in diesem einen Wort lag alles:

Dank.
Liebe.
Lachen.
Schmerz.
Und das, was für immer bleibt.

Lukas stand noch immer am Grab.
Sein „Tschüss" hing in der Luft.
Nicht wie ein Echo.
Eher wie eine Brücke, die still stehen blieb.

Hinter ihm raschelte etwas.
Ganz sanft.

Dann spürte er es.

Etwas Warmes, Weiches, das sich an sein Bein schmiegte.
Langsam. Bedächtig.

Er sah nach unten.

Dame.

Sie strich an ihm vorbei, einmal. Dann noch einmal.
Und setzte sich neben seinen Fuß.

Nicht wie eine Katze, die Aufmerksamkeit will.
Sondern wie jemand, der weiß, dass Nähe jetzt alles ist.

Sie sah nicht hoch.
Sie machte kein Geräusch.
Aber sie blieb.

Einfach so.

Lukas streckte die Hand aus, strich ihr leicht übers Fell.
Dame schnurrte nicht.
Sie saß einfach nur da.

Zusammen.
Im Hier.
Im Jetzt.
Und im Danach.

Und dann ist da wieder Leben

Der Wecker klingelte. Einfach so.
Wie an jedem anderen Tag.
Aber dieser Tag war kein anderer.

Lukas lag wach, noch bevor der Ton losging.
Er hatte die Decke bis unter die Nase gezogen, und Dame lag zusammengerollt an seinen Füßen.
Sie hatte sich in den letzten Tagen einfach nicht mehr von ihm gelöst.

Sie fraß ihr Futter, folgte ihm durchs Haus, und schlief nachts bei ihm, als würde sie sagen:
„Ich hab's verstanden. Ich bleib."

Er streichelte ihr flüchtig übers Fell, stand auf, zog sich langsam an.

In der Küche roch es nach Kakao.
Mama hatte den Tisch gedeckt, aber es war leiser als sonst.
Nicht traurig.
Nur ruhiger.

„Heute Schule", sagte sie.
Nicht wie ein Befehl.
Nur als Satz.

Lukas nickte. „Ich weiß."

Sie sah ihn an. Er lächelte schwach.
Und sie sagte nichts weiter.

Im Schulbus war es laut.
Ein Junge spielte Musik ohne Kopfhörer.
Ein anderer erzählte irgendwas über Fußball.

Lukas saß am Fenster. Schaute hinaus.
Die Welt war nicht anders.
Aber er war es.

Er dachte an Opa.
Nicht an den letzten Moment.
Nicht an das Grab.
An das Lachen.
Den Bienenglas-Plan.
Und die Hängematte, die ihn in den Matsch geworfen hatte.

Unwillkürlich zog sich ein kleines, echtes Lächeln über sein Gesicht.

Niemand sah es. Und das war gut so.

Als sie an der Schule ankamen, stieg Lukas aus, atmete die kalte
Morgenluft ein – und wusste:
Das Leben hatte nicht aufgehört.
Es war nur stiller geworden.
Und vielleicht auch ein bisschen tiefer.

Die erste Stunde war Mathe.

Lukas saß wie immer am Fensterplatz.
Das Heft lag offen vor ihm, aber die Zahlen auf der Seite sahen
heute aus wie Spuren im Schnee – da, aber bedeutungslos.

Er starrte hinaus. In einen Himmel ohne Besonderheiten.
Ein paar Wolken. Ein bisschen Wind.
Ein Tag wie viele – aber mit einer Lücke.

Neben ihm kritzelte Tim, sein Sitznachbar.
Normalerweise redete Tim viel. Heute nicht.

Irgendwann – ganz leise – kam seine Stimme.

„Hey... Lukas?"

Lukas drehte sich langsam.
„Hm?"

Tim kaute auf seinem Stift.
Dann legte er ihn hin.
Sah nicht direkt hin, mehr auf den Tisch.

„Ich hab... gehört. Wegen deinem Opa."
Pause.
„Tut mir leid."

Lukas nickte.
„Danke."

Sie schwiegen.
Nur das Kratzen von Bleistiften und das leise Räuspern der Lehrerin im Hintergrund.

Dann sagte Tim: „Geht's dir gut?"

Nicht aufdringlich. Nicht neugierig. Einfach so.
Wie man's sagt, wenn man wirklich wissen will, ob jemand gerade fest steht oder langsam sinkt.

Lukas dachte kurz nach. Dann zuckte er die Schultern.
„Ich weiß nicht. Manchmal ja. Dann wieder nicht."

Tim nickte. Er verstand.
„Das ist okay, glaub ich."

„Glaub ich auch."

Ein Moment lang sagte keiner was.
Dann kritzelte Tim wieder.
Und Lukas öffnete sein Heft.

Nicht, um Mathe zu machen.
Nur, um wieder irgendwo anzufangen.

Der Regenbogen am Küchentisch

Der Tag war fast vorbei.
Draußen wurde es grau-blau, der Himmel legte sich langsam schlafen.

Lukas saß mit Mama am Küchentisch.
Die Lampe über ihnen war warm und gelb, auf dem Tisch standen Spaghetti mit Tomatensoße, und ein Krug mit Wasser.

Mama nahm sich ein Stück Brot, brach es in zwei Hälften.

„War's okay in der Schule?" fragte sie, ohne ihn dabei direkt anzuschauen.

„Ja", sagte Lukas. Er schob die Gabel durch die Nudeln.
„Tim hat gefragt, wie's mir geht."

„Und was hast du gesagt?"

„Dass ich's nicht so genau weiß."

Mama nickte. „Das klingt ehrlich."

Ein paar Minuten lang hörte man nur das Klirren der Gabeln, Dames leichtes Schnurren irgendwo unter dem Tisch und das Ticken der Küchenuhr.

Dann sagte Lukas plötzlich:
„Denkst du, Opa sieht uns noch?"

Mama legte ihre Gabel ab. Nicht überrascht – aber sehr wach.

„Ich glaube..."
Sie überlegte. „...wenn Liebe irgendwo hinkann, dann auch dorthin, wo man nichts mehr sagen kann."

Lukas starrte in sein Glas.
„Ich hab' gelesen, dass manche Leute glauben, dass man über einen Regenbogen geht, wenn man stirbt."

Mama lächelte.
„Ja. Ich kenn das.
‚Hinter dem Regenbogen ist das Land der Erinnerung',
hat Oma mal gesagt."

Lukas dachte kurz nach.
„Dann ist Opa jetzt da? Hinter dem Regenbogen?"

„Vielleicht. Oder er ist..." – sie tippte sanft mit dem Finger gegen seine Brust – „...da."

Lukas nickte. Langsam.
„Ich glaub beides."

„Ich auch."

Sie aßen weiter. Keiner sagte mehr etwas Großes.
Aber in der Stille war etwas hell geworden.

Ein Gedanke, der blieb.

Und draußen – obwohl es gar nicht regnete – dachte Lukas an Licht, das durch Wasser fließt und bunt wird.
Weil etwas dazwischen ist, das alles verwandelt.

Du bist einfach da

Das Zimmer war dunkel.
Nur die kleine Lampe auf dem Schreibtisch glühte noch sanft, und irgendwo draußen spielte der Wind in den Ästen, wie jemand, der Gitarre übt – noch nicht perfekt, aber mit Gefühl.

Lukas lag im Bett.
Die Decke bis zur Brust, die Hände unter dem Kopf verschränkt.

Dame lag zusammengerollt neben ihm, ihre Flanke bewegte sich im Rhythmus seines Atems.

Seit ein paar Tagen schlief sie bei ihm. Jede Nacht.
Mal oben auf der Bettdecke, mal am Fußende.
Heute direkt neben ihm.

Sie schnurrte nicht. Sie war einfach nur da.

Lukas starrte zur Decke.
Nicht mit großen Gedanken.
Eher mit kleinen Erinnerungen, die kamen und gingen wie Wellen.

Opa im Garten.
Opa mit dem Holzhammer.
Opa, der sagte: „Ich bleib da drin."

Er lächelte leise. Nicht traurig. Nicht laut.
Nur so, wie man lächelt, wenn man einen alten Witz kennt und ihn noch mal hört – diesmal im Kopf.

Er beugte sich leicht zu Dame.
Streckte die Hand aus, berührte vorsichtig ihr Fell.
Sie öffnete nicht mal die Augen.

Dann flüsterte er:
„Du fehlst nicht, Opa."
Eine Pause. Ein Atemzug.
„Du bist einfach da."

Er sagte es nicht, um gehört zu werden.
Er sagte es, damit es in der Luft war.
Damit es echt wurde.
Für ihn.

Er drehte sich auf die Seite.
Dame rutschte ein Stück näher.
Ihr Kopf lag jetzt fast an seiner Schulter.

Lukas schloss die Augen.
Und bevor er einschlief, dachte er:
Manche Dinge bleiben.
Auch wenn sie gehen.
Sie wissen nur nicht immer, wie.

Kein Zeichen. Nur Licht.

Der Morgen war kühl, aber klar.
Die Art von Morgen, an dem der Himmel wirkt, als hätte ihn jemand frisch gestrichen.

Lukas stand an der Haustür, den Ranzen geschultert, die Jacke offen, die Hände in den Taschen.

Dame saß neben ihm. Wie jeden Tag.
Sie lief nicht bis zur Schule mit.
Aber bis zum Gartenzaun. Immer.

Er sah zum Himmel. Keine besonderen Wolken.
Kein Vogel, der kreiste. Kein Regenbogen.

Kein Zeichen.

Nur Licht.
Weiches, stilles Licht, das durch die Zweige fiel und seine Nase kitzelte.

Und plötzlich dachte Lukas:
„Vielleicht braucht es kein Zeichen. Vielleicht ist das hier schon genug."

Er schloss kurz die Augen.
Spürte, wie die Wärme auf sein Gesicht fiel.
Und irgendwo tief in seiner Brust war es nicht mehr schwer.
Nur still.
Und ein kleines bisschen hell.

Er ging los. Die Straße entlang.
Dame blieb am Gartenrand sitzen, aber sie sah ihm nach.
So lange, bis er sich noch einmal umdrehte und winkte.

Dann ging er weiter.
Nicht schneller als sonst.
Nicht langsamer.

Ein neuer Tag.
Ohne Opa.
Und doch mit ihm.

Denn er trug ihn in sich.
In seinem Kopf.
In seinen Gedanken.
In seinem Lachen.

Und vielleicht, nur vielleicht – auch im Licht.

Epilog – Ein Brief an Opa

Lieber Opa,

es ist jetzt schon ein bisschen her, seit du gegangen bist.
Manchmal fühlt es sich wie gestern an.
Manchmal wie hundert Jahre.

Ich wollte dir einfach schreiben, weil ich nicht genau weiß,
wo ich sonst mit meinen Gedanken hin soll.
Und weil du immer zugehört hast,
auch wenn ich Blödsinn geredet hab.

Weißt du noch?
Die Sache mit der Bienen-Zucht in der Badewanne?
Du hast nicht mal gelacht.
Du hast mitgemacht.
Du warst der Beste.

Es ist komisch ohne dich.
Das Haus ist leiser.
Mama redet manchmal ganz ruhig,
so wie wenn sie weinen will, aber nicht weint.
Und ich... ich denk oft an dich.
Jeden Tag.

Dame schläft jetzt bei mir.
Sie miaut morgens, als würde sie sagen:

„Steh auf. Opa hätte es so gemacht."

Ich glaub, sie vermisst dich auch.
Auf ihre Katzen-Art.

Ich hab' viele Fragen.
Wo du jetzt bist.

Was du siehst.
Ob du mich hörst, wenn ich dir was erzähl.

Aber manchmal denk ich, dass ich die Antwort schon kenne.
Nicht in meinem Kopf.
Mehr so... im Bauch.
Oder im Herz.
Irgendwo da.

Ich glaub, du bist noch da.
Nicht auf dem Stuhl oder im Garten, aber in mir.
Wenn ich lache wie du.
Oder wenn ich jemandem zuhöre, so wie du mir immer zugehört
hast.

Ich hab' ein bisschen Angst gehabt, dich zu vergessen.
Aber das passiert nicht.
Du bist so tief drin, dich kriegt keiner mehr da raus.

Manchmal schau ich in den Himmel und such ein Zeichen.
Aber meistens kommt keins.
Und trotzdem fühl ich mich dann nicht allein.
Weil ich weiß:
Du fehlst nicht.
Du bist einfach da.

Tschüss, Opa.
Ich hab' dich lieb.
Und das hört auch nicht auf.

Dein Lukas

Nachwort des Autors

Dieses Buch ist kein trauriges Buch.
Auch wenn es vom Tod erzählt.
Oder vielleicht gerade deshalb nicht.

Es ist ein Buch über das Leben.
Über das, was bleibt, wenn jemand geht, den man liebt.

Ich wollte eine Geschichte erzählen, die Kindern hilft, Gefühle zu fühlen, ohne sie verstecken zu müssen.
Trauer.
Fragen.
Zweifel.
Stille.

Denn manchmal wissen Erwachsene nicht, wie sie mit Kindern über den Tod sprechen sollen.

Und manchmal wissen Kinder nicht, ob sie darüber sprechen dürfen.

Lukas tut es.
Still.
Auf seine Weise.
Und in seinem Tempo.

Er zeigt, dass man trauern darf, lachen darf, fragen darf – und dass man trotzdem weitergehen kann.

Nicht so wie vorher.
Aber mit dem Herzen voll Erinnerung.
Und mit einem ganz neuen Mut.

Wenn du dieses Buch gelesen hast, vielleicht sogar mit Tränen, vielleicht mit einem Lächeln, dann nimm Folgendes mit:

Du bist nicht allein.
Trauer ist nichts, wovor man sich fürchten muss.
Sie gehört zum Leben dazu.
So wie Regen und Sonne.
Wie Abschied und Anfang.

Und manchmal braucht es keine Antworten.
Nur jemand, der zuhört.
Oder ein Tier, das bleibt.
Oder ein Licht im Himmel, das dich still begleitet.

Ich wünsche dir, dass du Menschen findest, die bei dir sind – wenn du jemanden loslassen musst.

Und dass du spüren darfst:
Es bleibt mehr, als man denkt.
Und das, was bleibt, ist stark.

Danke, dass du diese Geschichte mit deinem Herzen gelesen hast.

In Verbundenheit,

Peter Grosche

Mehr vom Autor

Weitere Buchtitel von Peter Grosche finden Sie in jedem gutsortierten Buchhandel, in über 1000 Online-Shops und auf der Autoren-Webseite:

www.PeterGrosche.de

- Kinderbücher:
  Zum Vorlesen und Selberlesen

- Jugendbücher:
  Satire und Krimis

- Für Erwachsene:
  Krimis und Thriller

- Sachbuchbereich:
  Lehrhefte für Keyboard und Klavier

  www.Keyoardlernen.de
  www.Klavierspielen24.de